VEREDAS

O MOTOQUEIRO QUE VIROU BICHO

RICARDO AZEVEDO

Texto revisto e reformulado pelo autor
1ª edição: *Lúcio vira bicho* – 1998
2ª edição: *Lúcio vira bicho* – 2003

Projeto gráfico Kiko Farkas

3ª edição
São Paulo

MODERNA

1ª EDIÇÃO – *Lúcio vira bicho* 1998
2ª EDIÇÃO – *Lúcio vira bicho* 2003

MODERNA

COORDENAÇÃO EDITORIAL Maristela Petrili de Almeida Leite
EDIÇÃO DE TEXTO Carolina Leite de Souza
COORDENAÇÃO DE PRODUÇÃO GRÁFICA Dalva Fumiko
COORDENAÇÃO DE REVISÃO Elaine Cristina del Nero
REVISÃO Ana Maria C. Tavares, Fenanda Marcelino, Luís Maurício Boa Nova, Rita de Cássia Sam, Sandra Garcia Cortés
COORDENAÇÃO DE EDIÇÃO DE ARTE Camila Fiorenza
PROJETO GRÁFICO Camila Fiorenza
CAPA Kiko Farkas
DIAGRAMAÇÃO Michele Figueredo
PRÉ-IMPRESSÃO Helio P. de Souza Filho, Marcio H. Kamoto
COORDENAÇÃO DE PRODUÇÃO INDUSTRIAL Wilson Aparecido Troque
IMPRESSÃO E ACABAMENTO Corprint Gráfica e Editora Ltda.

Dados Internacionais de Catalogação na Publicação (CIP)
(Câmara Brasileira do Livro, SP, Brasil)

Azevedo, Ricardo
O motoqueiro que virou bicho / Ricardo Azevedo ; capa Kiko Farkas. — 3. ed. — São Paulo : Moderna, 2012. — (Coleção veredas)

1. Literatura infantojuvenil I. Farkas, Kiko. II. Título. III. Série.

ISBN 978-85-16-07816-4

12-04402 CDD-028.5

Índices para catálogo sistemático:
1. Literatura infantojuvenil 028.5
2. Literatura juvenil 028.5

EDITORA MODERNA LTDA.
Rua Padre Adelino, 758 - Belenzinho
São Paulo - SP - Brasil - CEP 03303-904
Vendas e Atendimento: Tel. (11) 2790-1300
Fax (11) 2790-1501
www.modernaliteratura.com.br
2012

DE ACORDO COM AS NOVAS NORMAS ORTOGRÁFICAS

Escrevi *O motoqueiro que virou bicho* (em primeira e segunda edição *Lúcio vira bicho*) imaginando, principalmente, o leitor jovem, entrando na idade adulta. Aliás, é a mesma fase da vida em que se encontra o herói da história. O texto é inspirado no livro *O asno de ouro*, um clássico da literatura universal, obra do escritor latino Lúcio Apuleio, escrita por volta do século II depois de Cristo. Alguns trechos foram resgatados por mim, com adaptações. Outros, a maioria, foram inteiramente inventados.

Ricardo Azevedo

Sumário

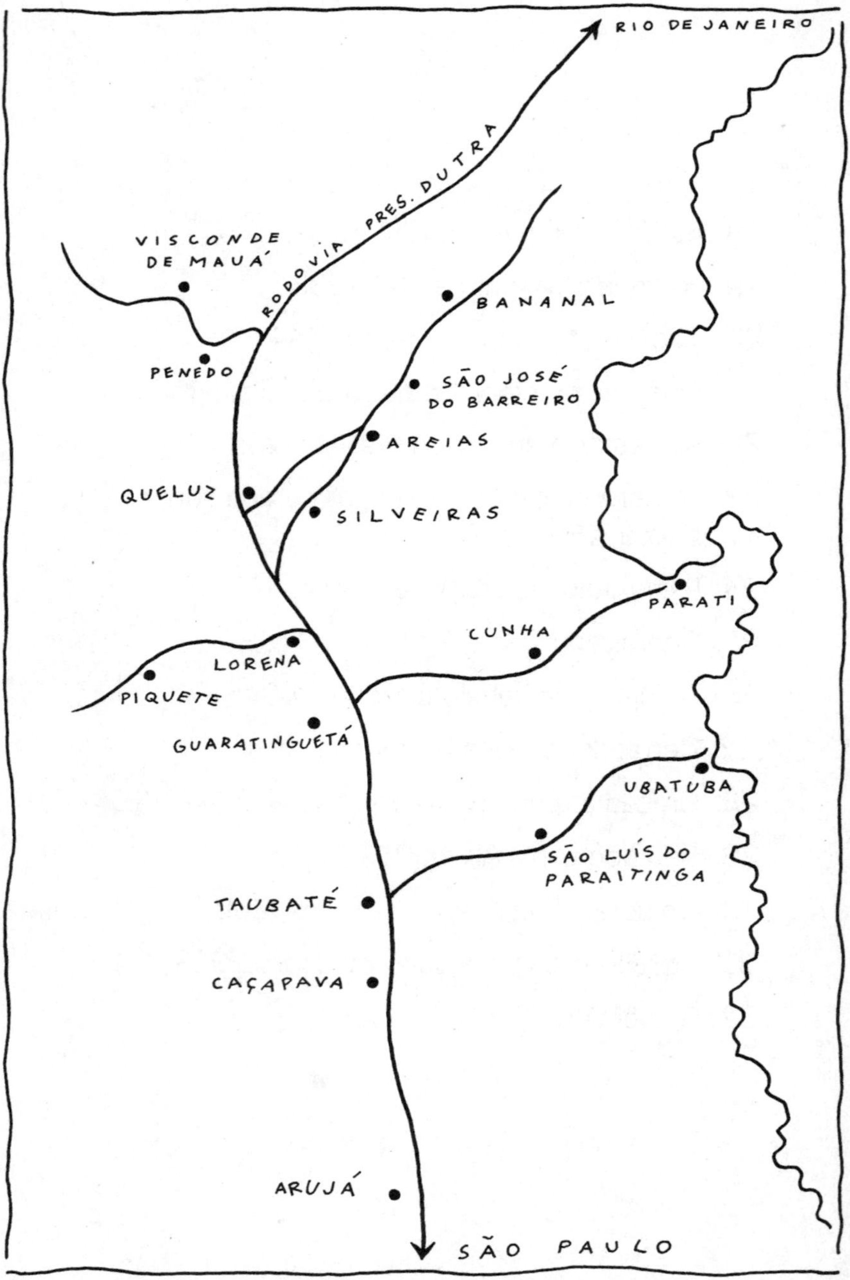
RIO DE JANEIRO
RODOVIA PRES. DUTRA
VISCONDE
DE MAUÁ
PENEDO
BANANAL
SÃO JOSÉ
DO BARREIRO
AREIAS
QUELUZ
SILVEIRAS
PARATI
CUNHA
LORENA
PIQUETE
GUARATINGUETÁ
UBATUBA
SÃO LUÍS DO
PARAITINGA
TAUBATÉ
CAÇAPAVA
ARUJÁ
SÃO PAULO

1.

Meu nome é Lúcio. Com pouco mais de dezes-sete anos, e isso faz tempo, decidi prestar exames para entrar na faculdade. Foi um ano difícil. Frequentava o cursinho de manhã e, à tarde, estudava em casa. Essas sessões de estudo, recheadas de livros, resumos, fichas e apostilas, costumavam continuar após o jantar, avançando noite adentro.

O ano passou, prestei vestibular e, assim que saí da última prova, fui direto procurar meu pai. Disse a ele que tinha ido bem e provavelmente entraria na faculdade.

Meu pai ficou radiante. Aproveitei para pedir um favor: estava cansado, pretendia tirar férias e precisava de algum dinheiro emprestado.

Estávamos em dezembro. Meu plano era partir de motocicleta no primeiro dia do ano rumo a Lorena, no vale do Paraíba. Ia ficar hospedado na casa de um tio de meu pai, na verdade primo de meu avô. A ideia era ficar sediado em Lorena e fazer pequenas viagens de moto. Queria visitar São Luís do Paraitinga, Cunha, Parati, Silveiras, Areias, São José do Barreiro, Bananal e a serra da Bocaina, que eu ainda não conhecia.

Meu pai foi contra. Alegou que havia perdido contato com o tio, que o coitado era muito idoso e podia se incomodar. Respondi que eu mesmo me encarregaria de telefonar para ele e que, em princípio, não via problema algum, pois só precisaria de um canto para passar as noites. Meu pai insistiu. Viajar de motocicleta era arriscado; no verão costumava chover torrencialmente. Quando soube que eu levaria roupa impermeável e que a moto estava em ótimo estado, com pneus novos, comentou que a Dutra era perigosa, "a rodovia com o maior índice de acidentes do país". Respondi que estava a fim de partir dia 1º de madrugada, horário em que o trânsito costuma ser menos intenso. Jurei que costumava andar devagar. Meu pai sugeriu que eu fosse de ônibus. Expliquei que de ônibus ia ficar preso, impossibilitado de fazer as pequenas viagens que planejara e abri o jogo. Disse que não estava cansado. Estava exausto.

Estava morto. Não aguentava entrar em meu quarto. Não aguentava aquele perfume, aquela mistura de suor com cheiro de livros, lápis e cadernos.

Fechei a porta da sala.

Confessei que andava angustiado por outras razões. Fui vago, mas veemente. Falei em crise. Disse que estava confuso. Que andava deprimido. Não sabia direito explicar o porquê. Contei que antes de começar o cursinho, tinha me aproximado de várias meninas. Com todas houve um pouco de amizade e um pouco de namoro. Algumas delas eram liberais demais e já tinham dormido com quase todos os caras que eu conhecia. Também saí com elas, mas, não sei, sentia falta de alguma coisa. Com elas tudo parecia muito vazio e mecânico. De certa forma, eram todas iguais. Ficava com elas mas, no fundo, me sentia só.

O problema é que com as outras meninas, minhas experiências também não tinham sido boas. A gente saía à noite para conversar, dançar, ir ao cinema. No entanto, apesar do meu carinho e das minhas melhores intenções, nenhuma quis transar comigo. As desculpas eram as mais esfarrapadas. Uma não estava a fim aquele dia. Outra tinha namorado. Uma estava na dúvida. Outra achava que ainda era cedo. Uma preferia casar virgem. Outra precisava me conhecer melhor. A gente ficava junto, se beijava e tudo, mas, na hora H, não acontecia nada e o namoro acabava murchando.

Tudo bem. O cursinho começou. Mergulhei de cabeça nos estudos. Precisava rever a matéria do Ensino Médio inteiro e isso não é fácil. Acabei fazendo amizade com a Mônica, uma colega de classe. Apesar de termos pouco tempo, saímos algumas vezes, e fomos ficando cada vez mais íntimos. Mônica, um pouco mais velha que eu, era bem bonita. Deu para perceber que estava interessada em mim. Um dia, a gente combinou de estudar biologia em sua casa. Era fim de semana e seus pais estavam na praia. Ficamos lá, ela, eu e o cachorro dela, um pastor alemão manso com uns olhos amarelos e penetrantes. Estudamos um pouco, começamos a conversar, de repente o clima mudou e a gente se beijou.

Expliquei a meu pai que o que aconteceu entre nós aquele dia, leitor, foi no mínimo constrangedor.

Gostava da Mônica: era atraente, lindinha e eu estava muito a fim de tudo o que pudesse rolar entre a gente. Entretanto, procurava seus olhos e só via globos oculares com pupilas dilatando e diminuindo. Ela me beijava, eu percorria sua arcada dentária e percebia as papilas fungiformes e filiformes de sua língua. Sentia sua respiração e, em minha cabeça, surgia o processo de eliminação do CO_2 e o aparelho respiratório completo, com as fossas nasais, faringe, laringe, traqueia, pulmões, brônquios, bronquíolos e alvéolos. Vislumbrei o trabalho dos ventrículos e do miocárdio de Mônica. Afaguei aquela cabeleira loura imaginando sua ascendência alemã e o complicado capítulo das heranças genéticas, DNA, cromossomos, células somáticas e gaméticas. Apalpando seu joelho, localizei uma rótula. Pensei no Carlão, um colega com quem ela saía de vez em quando, e imediatamente lembrei de um triângulo amoroso do Machado de Assis: Dom Casmurro, Capitu e Bentinho. Fiz de tudo. Tentei me concentrar, tentei me distrair entre os afagos e carinhos, mas aqueles pensamentos informativos e didáticos insistiam traiçoeiramente em congelar minha libido. Para piorar a situação, o cachorro dela estava deitado debaixo da mesa da sala. Deve ter interpretado mal algum gesto mais ousado porque de repente, sem mais nem menos, avançou com tudo para cima de mim rosnando e quase arrancando um pedaço do meu traseiro. Foi a gota d'água. Fracassei, travei e não consegui nada.

Sem saber onde enfiar a cara, garanti que nunca havia me acontecido aquilo antes. Mônica sorriu, sem graça. Foi horrível. Desde então, achei melhor me isolar e me concentrar completamente nos estudos.

Aquela viagem, resumi com veemência, significava um reencontro comigo. Precisava de umas férias para relaxar, pensar em outros assuntos, começar tudo outra vez.

Fazendo cara de quem compreendia minha situação, meu pai concordou em me emprestar o dinheiro.

2.

Sei que vai ser difícil, leitor. Sei que vai ter gente me chamando de louco e mentiroso. No entanto, posso jurar, nunca falei tão sério em toda a minha vida. O que vou contar não é ficção. Aconteceu mesmo, na minha carne, na minha cabeça, nas minhas entranhas. Queria ver você na minha pele. Queria ver você acorrentado, tomando porrada, sentindo medo. Medo, por exemplo, de ser castrado. Medo, por exemplo, de simplesmente sumir, perder a própria identidade, virar uma espécie de fantasma que ninguém enxerga.

Vou tentar contar os principais detalhes de tudo o que me aconteceu.

Passei o *réveillon* na casa de uns amigos e a festa invadiu a madrugada. Na manhã seguinte, abri os olhos e enxerguei as paredes do quarto tortas, balançando feito cortinas fora de foco. Além disso, minha cabeça doía e um gosto amargo e quente começou a subir pela garganta. Corri ao banheiro, vomitei e, de volta para a cama, adiei minha partida para o dia 2.

O despertador tocou, mas resolvi ficar na cama mais um minutinho e acabei perdendo a hora. Lembro de mim apressado, engolindo o café, abraçando meus pais e saindo de casa. Parei num posto para encher o tanque, ver o nível do óleo e calibrar os pneus. Aproveitei para examinar a tensão da corrente. Verifiquei, em seguida, se a mochila estava bem presa no bagageiro e parti.

Como eu previa, havia pouco movimento na Dutra. Os quilômetros passavam e eu me sentia cada vez melhor. Era uma sensação gostosa de aventura, de alívio, de liberdade. Lembro de mim abrindo as narinas para sentir o cheiro do mato. Lembro do vento batucando no visor transparente do capacete. Lembro de um besouro estourando, plaft, no meu casaco de couro. Nas retas, aproveitava para acelerar e aumentar a velocidade.

Como a estrada estivesse quase vazia, resolvi testar a potência do motor. Na altura de Arujá, cheguei perto dos cento e oitenta. A motocicleta parecia uma pluma, de tão leve. Numa curva, fui ultrapassar uma Brasília branca guiada por um velho com uma menina ao lado e dei de cara com um cachorro morto na pista. Foi uma questão de milímetros. Consegui desviar com um toque sutil no guidom. Era um desses vira-latas gordos e atropelados. Se batesse naquela velocidade, com certeza voaria longe e me espatifaria do outro lado da pista. Dei risada, lembro, e assobiando achei melhor reduzir a marcha. Logo depois, num retão, senti vontade de empinar a motocicleta. Olhei pelo retrovisor. Não vinha ninguém. Consegui andar, por uns sessenta metros ou mais, apoiado apenas na roda traseira. Uma deliciosa sensação de insegurança e de perícia ao mesmo tempo.

Entrei num posto perto de Caçapava para descansar as costas e comer alguma coisa. Na lanchonete, escolhi uma mesa e pedi dois mistos-quentes. Fiquei na dúvida entre um refrigerante e uma bebida alcoólica. Estava calor, pensei, lembro bem, e uma cervejinha só não faria mal.

Dois caminhoneiros falavam alto na mesa ao lado. A conversa me surpreendeu. Um deles era gaúcho. O outro era natural do vale do Paraíba e dizia que aquela região era cheia de feitiços e assombrações.

E como exemplo mencionou o caso de um tal de corpo-seco.

Segundo ele, diziam que em algum lugar do vale tinha vivido um cara muito mau. O sujeito nasceu fazendo ruindade. Matava passarinho por matar. Pescava peixe só para depois ficar vendo o coitado morrer sufocado no chão. E punha cachorro para brigar com cachorro. E montava cavalo com chicote e espora e galopava até o bicho cair morto no chão.

Depois, o moleque deu para bater nos amigos. Batia para ferir e machucar. Diziam que deixou um deles cego de um olho, só porque torcia para outro time. Quando virou moço, levou uma bronca do pai, não gostou, agarrou o velho pelo pescoço e bateu tanto que o coitado foi parar no hospital. E diziam que surrou muitos vizinhos, que espancou seus irmãos e que chegou a bater na própria mãe.

"O cara tinha ódio da vida e do mundo", disse o caminhoneiro.

Em volta da mesa, estava agora outro caminhoneiro, o garçom, a moça da limpeza apoiada numa vassoura, um guarda rodoviário e mais duas ou três pessoas, fora eu na mesa ao lado. Um vira-lata entrou na lanchonete e colocou a pata em cima do meu pé, pedindo comida.

Segundo o caminhoneiro, um dia a mãe foi acordar o cara e descobriu que ele estava morto.

A família, por um lado triste, mas por outro aliviada, mandou enterrar logo o sujeito.

No dia seguinte, o coveiro da cidade apareceu apavorado.

Contou que chegou de manhãzinha no cemitério e encontrou o corpo desenterrado, ao lado da cova.

Chamaram a polícia. Ninguém entendia o que tinha acontecido. No fim, enterraram de novo.

No outro dia, foi a mesma coisa.

O pessoal do cemitério chegou e deu com o cadáver do cara desenterrado.

Um velho que morava na cidade disse que gente ruim, quando morre, às vezes vira corpo-seco. Nem a terra quer saber dele. Vomita o defunto para fora.

Ninguém sabia o que fazer com aquele corpo podre secando no chão.

Dizem que, então, o defunto abriu a boca e pediu:

— Me leva pra igreja!

Ficou todo mundo apavorado. Mandaram chamar o padre.

E o cadáver lá no chão gemendo:

— Me leva pra igreja, me leva pra igreja, me leva...

No fim o padre tomou coragem e com a ajuda do sacristão e do coveiro carregou o corpo até a igreja.

"Aí a coisa piorou", disse o caminhoneiro.

Segundo ele, ninguém queria mais saber de botar o pé dentro da igreja.

E acabaram-se as missas, os casamentos, os batizados.

A situação ficou insustentável.

Dizem que então apareceu um cara.

Contou que tinha sido colega de escola do defunto, disse que não tinha medo e foi falar com ele.

Depois de muita conversa, o defunto concordou que assim não dava e pediu para ser levado para o mato.

— Mas quero ir nas suas costas!

Segundo o relato, o sujeito pegou o defunto, pendurou nas costas, segurou firme e saiu com ele em direção ao matagal que cercava a cidade.

Acontece que os dois entraram no mato e o defunto ia dizendo "aqui não, aqui não quero, nesse lugar não vai dar...".

O povo conta que o cara carregou o defunto até a noite começar a cair.

Então, parou e disse: "Chega!". Jogou o morto no chão.

— Agora, se vira, meu!

Foi quando o cadáver agradeceu, levantou-se, despediu-se e sumiu no mato. O povo diz que a sina do corpo-seco é essa: vagar por aí sem rota, sem rumo, sem destino.

— Parece que o morto-vivo vive até hoje andando pelas estradas — completou o caminhoneiro.

Não resisti e perguntei:

— Isso é lenda, né?

Todos olharam para mim surpresos. Depois, riram.

— Não sei se é lenda — respondeu o caminhoneiro —, mas pra mim aconteceu no duro.

— Quando era moleque, no tempo em que morava em Catuçaba, eu mesmo vi um corpo-seco correndo no mato — garantiu o garçom.

— Por aí tá assim de corpo-seco, alma penada, coisa-ruim e bruxa, Deus que me perdoe! — disse a faxineira, fazendo o sinal da cruz.

Segundo um negro de cabelos grisalhos que ouvia a conversa em outra mesa, isso tudo existia porque antigamente, nas fazendas do vale do Paraíba, trabalharam muitos escravos. Disse que naquele tempo houve muita maldade, desespero e sofrimento.

— Tinha negro que se matava pra fugir da escravidão. Teve escrava que fez aborto pro filho não virar escravo que nem ela.

Por essa razão, disse ele, a região ficou amaldiçoada. Contou que até hoje, em certos lugares, à noite, dava para escutar o vozerio dos escravos chorando e gemendo.

Espiei o relógio. Quase cinco horas da tarde. Paguei a conta, me despedi, enfiei o capacete e toquei para Lorena, maravilhado com a história que acabara de ouvir.

3.

Esqueci o mapa rodoviário em casa, na mesinha de cabeceira. Por isso, e porque devia estar andando meio depressa, não reparei no desvio para Lorena e acabei seguindo até Penedo, já no estado do Rio. Ao descobrir meu engano, dei muita risada. Tomei refrigerante num bar e dei um tempo, ainda com o tal corpo-seco na cabeça. Depois peguei a moto, fiz o contorno e voltei, chegando à casa de meu tio no finzinho da tarde.

Lorena, encravada no pé da serra da Mantiqueira, quase na beira do rio Paraíba, é dividida por uma estrada de ferro. De um lado, fica a parte moderna da cidade, com ruas largas e casas e edifícios de construção relativamente recente. Do outro lado do trilho, sobrevive o centro antigo, com ruelas de paralelepípedos e casarões sombrios, erguidos no tempo colonial.

Lembro que, ao cruzar a passagem de nível, senti uma atmosfera fantástica. Estava escurecendo e as manchas vermelhas já tingiam o cinza-chumbo do céu. Fui cruzando o centro velho, as ruas estreitas, andando e examinando aquelas casas com outros olhos. Agora sabia que ali, pelo menos segundo o caminhoneiro, podia ser um lugar cheio de magias, corpos-secos, almas penadas e feitiçarias.

"Quero conhecer tudo isso!", pensava eu, empolgado.

Fui muito bem recebido por meu tio, um homem baixo, de cabelos brancos e óculos de aro de tartaruga. Médico, nascido em Lorena, fez faculdade e morou a vida inteira em São Paulo, onde montou consultório e trabalhou no Hospital das Clínicas. Após a morte da mulher, já aposentado, decidiu voltar para o vale do Paraíba.

O primo de meu avô morava num casarão antigo e confortável, construído numa travessa que desembocava no largo da matriz; ele e Conceição, sua empregada. Como vivia praticamente sozinho, minha visita, ao contrário do que previra meu pai, significava para ele movimento e novidade.

Além da sala espaçosa e da cozinha, no andar de baixo da casa havia dois quartos, ambos ocupados por meu tio. No de cima também havia dois quartos. Um era uma espécie de despejo, com livros, revistas e objetos de todo tipo empilhados de qualquer jeito. O outro, amplo, com duas camas e armário com espelho na porta do meio, ficou para mim.

Meu tio fez questão de ver a motocicleta. Perguntou sobre meu pai e minha mãe. Quis saber o que havia caído nas provas do vestibular, fazendo comparações entre o ensino de hoje e o de antigamente. Descreveu também um pouco de sua vidinha, muito pacata, voltada exclusivamente para a leitura dos jornais de manhã, descanso após o almoço, missa aos domingos, novelas na televisão e jogos de truco na praça com outros aposentados.

Lembro que Conceição serviu um jantar saboroso e, no fim, apesar do cansaço, fiquei conversando com meu tio até depois da meia-noite.

Não pretendo perder tempo com detalhes sem importância, por isso vou direto ao assunto. Conceição tinha vinte e poucos anos. Na tarde em que cheguei, estava descalça, usava um vestidinho amarelo curto e ajudou a carregar minha reduzida bagagem para dentro de casa. Lembro que olhei para ela e ela para mim. Lembro que ela baixou os olhos.

Nos dias seguintes, meu programa foi passear a pé pela cidade e experimentar sorvetes de todos os sabores possíveis e imagináveis. Também perambulei de moto pela região, pegando estradinhas de terra, sem nunca me afastar muito.

Num desses passeios, acabei encontrando uma amiga de minha mãe que, por coincidência, tinha casa na parte alta da cidade. Dona Ivete adorou me ver, perguntou sobre meus pais e acabou me convidando para uma festa, na semana seguinte. Tentei escapar do convite, mas não houve jeito.

Naquele dia, voltei para casa no meio da tarde. Meu tio estava na praça jogando truco. Fui à cozinha tomar água e fiquei por lá conversando com Conceição. Eu num banquinho, ela de costas para mim, preparando o jantar. A moça vestia um uniforme azul-claro de tecido fininho e tinha os cabelos presos num lenço vermelho. Conceição era bonita. Fiquei examinando seu corpo moreno, suas pernas bem-feitas e a leve penugem que lhe descia pela nuca. Examinei também seus seios redondos e durinhos. Percebi que estava sem sutiã. Enquanto falava, suas mãos mexiam a panela com uma colher de pau, num movimento que se refletia com graça pelo resto do corpo. Fui me sentindo cada vez mais aceso, mesmo nas partes, até aquele instante, recolhidas e apagadas. Resolvi provocar. Disse que estava espantado. Quando ia imaginar que precisava sair de São Paulo, pegar a Dutra e ir até Lorena para conhecer alguém tão bonita mexendo a colher numa panela assim, tão bem? Ela sorriu balançando a cabeça. Eu disse que, com um jeito tão diferente de cozinhar, a comida só podia ficar deliciosa, e disse ainda que estava ficando com vontade de experimentar aquela comida macia e que era um sortudo quem pudesse colocar a boca e os dedos naqueles quitutes.

Conceição se virou para mim, com as mãos na cintura. Sorriu. Mandou que eu ficasse longe do fogão dela. Disse que daquele fogareiro só saía comida boa, mas me advertiu que a comida era quente e cheia de pimenta. Avisou que eu podia me queimar.

Antes de sair, disse a ela que comida gostosa assim eu comia quente ou fria, com garfo ou sem garfo, com pimenta ou sem pimenta, na mesa ou na cama. A moça caiu na risada.

Fui para o quarto e fiquei pensando nos cabelos de Conceição presos naquele lenço vermelho. Pensei também no resto de Conceição, debaixo do uniforme azulzinho.

Lá fora os cachorros latiam um latido irritado e monótono ao mesmo tempo.

Só sei que minha intimidade com Conceição foi aumentando. Era uma brincadeira de manhã cedo. Uma troca de olhares na hora do almoço. Um sorriso cheio de significados durante o jantar.

Certa tarde, convoquei a moça. Precisava muito da ajuda dela no meu quarto para um serviço urgente. Ela abriu um sorriso luminoso, mas não foi. "Pensando o quê?", respondeu, fazendo careta de nojo fingido. No outro dia, convidei de novo. Ela ria. Eu insistia. Mandava bilhetes. Meu tio roncava na frente da televisão.

Uma noite, estava no quarto deitado com uma pilha de revistas antigas de meu tio. Lá fora, para variar, a cachorrada latia a esmo. Bateram, de leve, na porta. Era Conceição.

4.

Não vou, nem quero, falar muito sobre minha relação com Conceição. Até hoje, leitor, cada vez que penso em tudo o que aconteceu, não consigo deixar de sentir um vazio desorganizando completamente meu peito.

Posso dizer, em todo caso, que aqueles dias em Lorena, antes da maldita situação em que me meti e que quase arruína minha vida, foram deliciosos.

Todas as noites, após terminar o serviço da casa, Conceição tomava banho, vestia uma camisolinha e, silenciosamente, vinha me visitar. Meu tio já estava dormindo o sono sonoro dos aposentados. Eu, também de banho tomado, ficava no quarto esperando, com uma revista na mão mas a cabeça em outras páginas.

Conceição vinha sem nada por baixo da roupa. A gente quase não se falava. Ela entrava, trancava a porta, sorria com uma cara malandra de quem anda fazendo coisa errada, jogava a camisola longe e saltava em cima de mim. A gente rolava na cama, dava mordidinhas, beijava, descobria carinhos, mexia um no corpo do outro e caía na risada, numa farra totalmente sem juízo.

Aqueles dias, recheados de amor, foram uma experiência nova e excitante para mim. Eu não estava acostumado com tanta liberdade. Pena que, depois, Conceição fez o que fez.

A festa na casa da amiga de minha mãe aconteceu na quarta-feira à noite. Eu não queria ir, mas dona Ivete ligou de manhã me lembrando e dizendo, mais uma vez, que fazia questão da minha presença. Saí a pé lá pelas oito horas.

Era aniversário do marido de dona Ivete. Vieram muitos amigos de São Paulo, especialmente para a reunião. Havia também alguns artistas, inclusive um grupo de teatro que, pelo que entendi, havia alugado uma casa na cidade, uma espécie de retiro, para ensaiar um novo espetáculo.

Fiquei por ali à toa, conversando, lambiscando e circulando. Lembro da amiga de minha mãe falando alto, fazendo advertências, dizendo que Lorena era perigosa, que era bom tomar cuidado com o pessoal que mexia com magia e coisas do tipo. “É gente muito ignorante”, garantia ela com um ar, lembro, assustado e divertido. Minha cabeça, confesso, estava longe, lá para os lados de Conceição.

Percebi, mais tarde, as pessoas rindo de alguém encolhido num canto da sala. O sujeito parecia não estar gostando nem um pouco da brincadeira, tanto que baixou a cabeça cobrindo o rosto com as mãos. Todos riram mais ainda. Depois apontaram para mim. Disseram que eu era uma visita especial, o filho de uma grande amiga da dona da casa. Insistiram muito. Lembraram das outras pessoas vindas de São Paulo. Diziam que a gente merecia ouvir a história.

História? O sujeito se recusava com veemência. Todos gritavam: "Conta!", batendo palmas ritmadamente.

A contragosto, o amigo de dona Ivete acabou cedendo. Ajeitou-se melhor no sofá. Seu nome era Alfredo. Contou que tinha vindo morar em Lorena fazia tempo. Na época, a cidade passava por um período de certo desenvolvimento. Ele, jovem ainda, queria arranjar emprego no comércio e começar a vida.

Pensativo, passou a mão na ponta do nariz.

Disse que chegou na cidade quase sem dinheiro. Que desceu do trem e saiu à procura de um quarto para alugar. Passando em frente a uma casa, hoje já demolida, notou um entra-e-sai de gente chorando. Soube que uma pessoa havia falecido e que a família procurava alguém para tomar conta do defunto durante a noite.

Alfredo disse que até deu risada. Nunca tinha ouvido falar em nada parecido. Perguntou se por acaso, em Lorena, os defuntos costumavam fugir.

Pelo jeito, ninguém gostou da brincadeira. Irritado, um irmão do falecido explicou que na cidade havia gente ruim, gente que mexia com magia negra. Essas pessoas, segundo o sujeito, transformavam-se em animais e, durante a noite, vinham roubar pedaços dos cadáveres para depois utilizar em suas bruxarias. Por essa razão, os parentes e amigos, com medo, permaneciam no velório até meia-noite e depois iam embora. Em resumo: a família pagava para quem estivesse disposto a passar a noite tomando conta do falecido.

Como a quantia oferecida era bastante razoável, Alfredo disse que aceitou o serviço e logo foi levado para ver o morto. A viúva, jovem ainda e bem bonita, beijou a testa do marido. Depois, olhou para ele. Lembrou que o corpo do marido estava inteiro e assim deveria permanecer até o dia seguinte, quando então seria enterrado.

O amigo de dona Ivete confessou que sentiu algo estranho na viúva, um jeito solto, talvez sensual demais para a ocasião.

Mais de uma vez, foi advertido dos perigos que iria enfrentar, mas, pensando no dinheiro, foi até o bar, no outro lado da rua, providenciou uma garrafa térmica com café, arranjou um pedaço de pau e voltou avisando que ninguém precisava se preocupar. Se algum feiticeiro ousasse aparecer, seria recebido na base da cacetada.

Alfredo cobriu o rosto com as mãos. Disse que a noite veio. Que ficou sozinho. Que os ponteiros pareciam grudados no relógio. Que a cidade parou. Que, de vez em quando, um cachorro uivava. Confessou que sentiu medo. Aquele silêncio. Aquelas sombras. O cadáver.

Deviam ser mais de duas da manhã quando escutou um estalo no forro. Era um gambá. O bicho saiu de um buraco, desceu pela viga e, abusado, veio andando firme em sua direção.

O amigo de dona Ivete disse que agarrou o pedaço de pau, mas só conseguia lembrar de dois olhos desafiadores e mais nada. Foi acordar com as primeiras luzes da manhã.

Assustado, correu para examinar o morto. O coitado estava lá, pálido e aparentemente intacto. Logo chegaram as pessoas da família, verificaram o estado do falecido, agradeceram seu serviço e sua coragem e fizeram o pagamento em espécie, conforme o combinado. O caixão foi finalmente fechado e a procissão partiu a pé para o cemitério. Alfredo ainda estava conferindo o dinheiro, quando um senhor idoso apareceu gritando.

Muito agitado, o sujeito, um advogado, mandou a procissão parar. Precisava fazer uma denúncia gravíssima. Um crime hediondo havia sido praticado em Lorena. Acusou a mulher do defunto de ser a mandante do crime. Segundo o cara, ela e seu amante tinham envenenado o marido para ficar com a herança.

A confusão foi geral. Assassinato? Adultério? A mãe do falecido, uma senhora abatida, enfiada num vestido preto, ameaçou desmaiar. Os outros membros da família pareciam perplexos.

A viúva pediu a palavra. Apertando os seios com as mãos, declarou que aquela era a pior calúnia que já tinha escutado na vida. Fora isso, continuou ela, para uma acusação tão grave era preciso haver provas, e isso não havia.

Com ar enojado, o advogado chamou a mulher de estelionatária, adúltera e homicida.

A discussão aumentava, uns criticando o advogado, outros pondo em dúvida o comportamento da viúva. Para o advogado só havia uma maneira de elucidar o caso. E apresentou o homem que, até então, estava quieto a seu lado. O sujeito, de barba branca, era um ex-religioso, um sábio que havia largado tudo para viver como eremita meditando numa cabana perto do pico do Itatiaia. O advogado garantiu que aquele santo homem sabia fazer exorcismos e, inclusive, conseguia falar com mortos.

O amigo de dona Ivete contou que o caixão foi colocado sobre dois cavaletes, que o eremita se adiantou, abriu os braços e assim ficou durante alguns minutos. Depois, de joelhos, tirou o chapéu, fez o sinal da cruz e começou a dizer palavras em latim. Em seguida, levantou-se e, de olhos fechados, pediu que o caixão fosse aberto.

As pessoas se acotovelavam para assistir à cena. Havia gente nos telhados e em cima das árvores. Até a cachorrada ficou em silêncio quando o ermitão, diante do caixão aberto, chamou o morto ordenando, com voz firme, que ele revelasse o que havia acontecido.

Eu não acreditava, leitor, no que estava ouvindo.

Alfredo se agitou na beira do sofá. Disse que foi a coisa mais impressionante que tinha assistido na vida. Que é inacreditável, mas o cadáver, muito pálido, sentou no caixão e, bocejando, começou a resmungar. Olhou em volta contrariado. Pediu que o deixassem em paz. Reclamou do sol. Reclamou do barulho. Disse que assim não era possível. Apelou para a lei dos direitos humanos. Tinha, afinal, o direito de morrer sossegado.

O eremita insistiu. Explicou que o momento era de penitência e sacrifício. Havia uma grave denúncia contra a viúva e era imprescindível que se fizesse justiça.

O morto não queria saber de nada. Tentou deitar e fechar a tampa do caixão, mas o ex-religioso segurou seu braço com firmeza, garantindo que não tinha outro jeito. A cena era dramática.

O falecido ainda resmungou bastante, mas acabou desistindo. Sempre protegendo os olhos da luz do sol e falando com ar cansado, acabou reconhecendo que de fato, lamentavelmente, fora traído e envenenado pela própria esposa com a ajuda do amante.

Ouvindo isso, a viúva abriu a boca e, colocando as mãos na cintura, deu risada. Jurou que era mentira. Perguntou quem na cidade não sabia que, quando vivo, seu marido além de frouxo era mentiroso?

Alfredo disse que todos falavam ao mesmo tempo. Que uma criança começou a rir sozinha. Que o morto, cada vez mais pálido, deu um soco no caixão e, tentando ficar em pé, quase foi parar no chão.

Estava revoltado. Gemeu. Não ia admitir que sua reputação fosse manchada, nem antes nem depois de morto. Pediu a atenção de todos. Podia provar o que estava dizendo. E foi falando devagar. Jurou que tinha visto seu próprio assassinato e que ali, perante todos, só para dar um exemplo, contaria outra coisa que também só ele, justamente pelo fato de estar morto, havia presenciado.

O povo na rua estava atento.

E o morto contou que, naquela noite, depois que todos foram para casa, ficaram no velório somente ele, o defunto, e um rapaz, aquele que agora estava ali, encostado na árvore, disse, apontando com o dedo.

A voz do amigo de dona Ivete ganhou um tom aflito. O rapaz encostado na árvore era ele!

O morto fez elogios. Garantiu que o rapaz era honesto e havia tentado fazer o serviço da melhor forma possível, tomando, inclusive, xícaras e xícaras de café para perder o sono. Revelou que, durante a madrugada, um gambá apareceu, que o gambá na verdade era uma feiticeira e que a feiticeira, depois de hipnotizar seu guardião, foi para o quarto ao lado, onde já estavam outras bruxas, e ordenou: "Alfredo, vem cá!".

Os olhos do amigo de dona Ivete brilharam, cheios de lágrimas. Parecia incrível, mas era verdade! Por uma maldita coincidência, tanto o morto como ele, o vivo, tinham o mesmo nome!

Sentado no caixão, o defunto afirmou que o rapaz — ele, Alfredo! — , provavelmente por estar vivo, conseguiu ser mais rápido, levantou-se e, passo a passo, sempre hipnotizado, dirigiu-se para o outro cômodo. Lá, teve o nariz extirpado e substituído por uma peça falsa de cera e borracha.

O amigo de dona Ivete soluçava, encolhido no sofá. Para concluir uma longa e triste história, disse que a viúva e seu amante foram presos, o defunto recebeu o enterro que merecia, e ele — e aí Alfredo parou de chorar e encarou a plateia — ficara famoso em Lorena, infelizmente. Dizendo isso, retirou o nariz e recolocou cuidadosamente no rosto, diante da gargalhada geral e de meu genuíno espanto.

Estava ficando tarde, leitor, por isso resolvi ir embora.

5.

Dona Ivete fez questão de oferecer um último cálice de vinho e, sempre risonha, desejou que eu me divertisse bastante durante as férias. Quando soube que eu pretendia voltar para casa a pé, ficou alarmada. Dizendo que, durante a noite, Lorena ficava infestada de marginais, a boa senhora saiu da sala e voltou com um revólver na mão. Segundo ela, calibre 38. Garantiu que era melhor voltar para casa armado.

Aleguei que não sabia atirar. Ela insistiu. Os outros convidados insistiram também, vivamente. Eu estava cansado demais, leitor, para ficar discutindo. Pus a arma no bolso e parti.

Lembro de estar ligeiramente tonto por causa do vinho. Lembro que, do outro lado da linha do trem, o centro velho da cidade, visto do alto, parecia um imenso cemitério abandonado.

Eu seguia rápido, escutando meus passos estalarem sobre os paralelepípedos. Perto de casa, ao dobrar uma esquina, cruzei com um grupo de jovens mal-encarados. Um deles parou na minha frente e pediu dinheiro. Por inexperiência, estava com tudo o que tinha na carteira. Sem dinheiro, minhas viagens, meus amores com Conceição, minha ida a São Luís do Paraitinga, tudo iria por água abaixo. Disse que não tinha um tostão e apertei o passo. O rapaz, usando, agora eu via, uma meia de mulher enterrada na cabeça, cortou o meu caminho ameaçadoramente com um estilete. "Solta logo a grana, meu!"

Assustado e ainda zonzo por causa do vinho, dei um passo para o lado e saquei o revólver. Pedi que me deixassem em paz. O cara veio para cima de mim. Fui recuando, tropecei e, apavorado, apertei o gatilho. Mesmo atingido, o infeliz continuou andando em minha direção. Num ato de medo e insanidade, acabei descarregando o revólver. Lembro do moleque cambaleando, com a boca espumando, soltando uma espécie de riso desesperado e caindo de bruços na calçada.

Foi quando uma mulher saltou da escuridão:

"Assassino! Olha aqui! Mataram meu filho!"

Outras pessoas apareceram. Todos me acusavam:

"Era uma criança! Desgraçado! Covarde! Olha o que você fez!"

Tentei fugir, mas fui agarrado. Procurei me defender.

"O cara queria me assaltar!"

"E daí?", respondeu alguém. "Precisava matar o moleque só por causa disso?"

A mulher chorava abraçada ao filho:

"Ele era tudo pra mim. Meu marido fugiu com outra mulher. Tenho oito filhos pra criar. Lavo roupa pra fora, mas o que eu ganho não dá. Era o mais velho. O que me ajudava. O que trazia dinheiro para a comida e o leite dos irmãos!"

Eu reagi, leitor. Queriam que eu fizesse o quê? Que aceitasse passivamente o assalto? Que entregasse meu único dinheiro?

"Único dinheiro!", desdenhou uma moça com um pano na cabeça e os dentes podres. "Larga a mão de ser mentiroso! Você é cheio da nota. É filhinho de papai. Era só chegar em casa e pedir mais que papai dava. Ele era um pobre-diabo!"

"É isso aí", berrou alguém em minha orelha. "Você tem tudo! Casa, escola, comida, família, dinheiro, médico quando fica doente. Ele era um pé-rapado que não tinha onde cair morto. Até precisava roubar para ajudar a família."

Aí eu fiquei bravo:

"Ele que fosse procurar um emprego!"

Um sujeito me agarrou pela gola da camisa:

"Tudo bem! Só que o moleque era analfabeto. Era mal alimentado. Não tinha sapato nem roupa pra vestir. Ia arrumar emprego como? E mesmo que arrumasse. O salário ia ser tão mínimo que não daria para ajudar em casa. Esqueceu que ele tinha sete irmãos menores?"

Eu estava cada vez mais confuso, leitor:

"Mas o cara tentou me matar com um estilete..."

"Tentar matar é uma coisa, matar é outra!", alegou uma mulher, revoltada. "Olha ele lá, morto no chão. Olha você aí, vivo e cheio de saúde. Além do mais, foi estilete contra revólver! Isso é covardia! Assassino! Desgraçado! Matou um inocente! Agora vai pagar caro!"

O cerco foi se fechando. Eu sentia vontade de vomitar e morrer. Fui arrastado até o trilho do trem.

"Amarra ele!", gritavam. "Prende no trilho pro trem passar em cima!"

Lembro que eu chorava, pedia, pelo amor de Deus, que me deixassem ir embora.

Um silêncio tomou conta do ar. Eu ainda implorava, ajoelhado, com os olhos fechados quando, de repente, escutei uma gargalhada. Abri os olhos. O moleque morto estava de pé na minha frente. Reconheci dona Ivete, o cara que não tinha nariz e muitos dos que estavam na festa. Em resumo: o revólver era de pólvora seca e tudo não passava de uma tremenda peça que haviam acabado de me pregar.

6.

Acordei, no outro dia, com Conceição batendo à porta. Avisou que dona Ivete estava chamando. Lavei o rosto e desci. Encontrei a amiga de minha mãe bastante sem jeito. Trouxe queijo fresco, doce de leite, geleias e uma lata de biscoitinhos feitos em casa. Queria pedir desculpas pela farsa da noite anterior. Meu tio, quando soube da peça, teve um ataque de tosse de tanto rir. Eu mesmo, confesso, passado o susto, dei boas gargalhadas e até liguei para casa contando o ocorrido.

Minha temporada em Lorena, leitor, continuou assim, cheia de passeios sem direção nem compromisso durante o dia e alegres brincadeiras noturnas em companhia de Conceição.

Uma noite, estávamos deitados, eu e ela, descansando. Perguntei se era verdade que no vale do Paraíba existiam almas penadas, magias e feitiços.

Conceição fez o sinal da cruz. Falou numa tal de tia Vanda. Antes de arranjar emprego com meu tio, por azar tinha trabalhado na casa dela. Garantiu que a mulher era mesmo metida com bruxaria. E contou uma história do tempo em que ainda trabalhava lá.

Certa ocasião, sua patroa se apaixonou por um funcionário do correio. Queria porque queria namorar o sujeito, só que o tal nem olhava para ela. Sentindo-se rejeitada, tia Vanda chamou Conceição. Precisava de um favor. Queria que a moça fosse à barbearia pegar uns chumaços de cabelo do rapaz. Seu plano era fazer uma mágica com os pelos do infeliz, e assim seduzi-lo e conquistá-lo. Conceição jurou que não queria ir, mas a patroa não era de brincadeiras. Ameaçou transformá-la numa mosca varejeira. Assustada, a moça acabou cedendo. Disse que seguiu o rapaz até a barbearia, esperou-o aparar os cabelos e depois, discretamente, entrou no salão. Chegou a recolher uns chumaços no chão, mas o barbeiro, desconfiado, expulsou-a ameaçando chamar a polícia.

A moça ficou andando pela cidade sem saber o que fazer. Se voltasse sem nada nas mãos, seria obrigada a enfrentar a frustração e a fúria da patroa. Foi quando teve uma ideia. Arrancou um punhado de pelos de um burro que encontrou amarrado perto da estação e levou para casa dizendo que era cabelo do rapaz.

Os olhos de Conceição, que já eram grandes, ficaram maiores ainda.

Radiante, tia Vanda tomou banho, pintou-se, perfumou-se, passou batom, vestiu roupa nova e, após o jantar, trancou-se no quarto. Não resistindo à curiosidade, Conceição resolveu espiar pelo buraco da fechadura. Viu sua patroa rodeada de velas acesas, olhando-se no espelho, fumando charuto, falando sozinha e rezando. Depois, pôs um pote cheio de pelos em cima da cama e despejou nele um líquido escuro. Segundo Conceição, começou a sair fumaça de dentro do pote e, quando a fumaça se dissipou, por incrível que pareça, havia um burro parado em cima da cama. Ao ver tia Vanda, o animal se entusiasmou e, galante, zurrou, empinando graciosamente as patas da frente. Conceição disse que tia Vanda atirou o charuto longe e saiu correndo, escapando pela janela, e que o burro apaixonado foi atrás.

A patroa só voltou no dia seguinte. Chegou em casa cedinho, rasgada e exausta. Trancou-se no quarto e dormiu durante dois dias e duas noites. No terceiro dia, chamou Conceição e comunicou que ela estava despedida.

Eu confesso, leitor. Estava absolutamente encantado. Que maravilha. Que criatividade. Santa ingenuidade. As pessoas do povo, por ignorância, diante dos fatos que não conseguem explicar, em vez de usar a lógica, a objetividade e o bom-senso, costumam inventar as coisas mais absurdas. Haja imaginação! São as famosas crendices populares, pensava eu, lembrando de uma aula sobre folclore. E de repente senti vontade de participar de uma cerimônia primitiva, de assistir de perto a um ritual de magia.

Pedi a Conceição que me levasse à casa de tia Vanda.

Lembro da moça vestindo-se apressada, jurando que não ia fazer isso de jeito nenhum. Lembro de achá-la atraente, assim tão assustada.

Mandei Conceição largar a mão de ser boba. Garanti que era só uma vez. Perguntei se tia Vanda fazia mágica ao ar livre. Conceição respondeu que, em noite de lua cheia, sim.

"Então!", disse eu, pondo a mão no joelho dela. "Vai ser fácil. A gente fica de longe, escondido, sem chegar perto, só espiando!"

Conceição não queria. Eu implorei. Disse que morava em São Paulo. Que em São Paulo não existia nada disso. Dramatizei. Seria um crime vir de tão longe, viajar quilômetros e quilômetros, visitar uma cidade mágica, conhecer uma pessoa tão bonita como Conceição e voltar para São Paulo sem ter visto nada.

Segurei a empregada de meu tio pelos ombros. Beijei suas mãos. Fingi que estava quase chorando. Era uma grande injustiça, disse eu. Uma tremenda maldade. Seria desumano deixar escapar uma oportunidade como aquela.

Conceição foi embora sem dizer nem que sim, nem que não.

Os dias foram passando e eu atazanando a vida da moça.

Na sexta-feira seguinte, Conceição me procurou logo cedo. A noite ia ser de lua cheia e não ia chover.

"Hoje, com certeza", disse ela, "a bruaca vai lá, à meia-noite, fazer mandinga. Se você quiser, a gente vai."

Não consegui nem jantar direito, leitor. Pensei, inclusive, em pedir emprestada a máquina fotográfica de meu tio, mas desisti, pois teria que usar o *flash* e isso podia estragar tudo.

Saímos lá pelas onze e meia. Meu tio já estava no sétimo sono. Lembro de a gente caminhando em silêncio pelas ruas de Lorena. Atravessamos a praça, descemos até o largo da matriz, entramos na última rua à direita e, duas quadras depois, à esquerda, pegamos uma ruazinha de terra, escura e arborizada. Tia Vanda morava numa casa no fim daquela rua. Sempre seguindo Conceição, demos a volta no quarteirão, enveredamos por um terreno baldio e chegamos no muro que dava para os fundos da casa da mulher. A noite estava luminosa por causa da lua cheia. Lembro até hoje de nós dois lá, quietinhos, esperando. De vez em quando, uma formiga subia pela minha perna.

Faltava pouco para a meia-noite quando ouvimos um barulho de descarga. Passos. A porta da casa rangeu, deixando passar uma mulher gorda, de cabelos oxigenados e sobrancelhas pintadas. Senti um arrepio. A mulher, arrastando os chinelos cor-de-rosa, carregava uma mala de couro pesada. Parou no quintal, estendeu uma toalha no chão e acendeu quatro velas pretas, uma em cada ponta da toalha. Conceição fez o sinal da cruz. Sobre a toalha, a mulher colocou vários pratos, tirados da mala. Senti um leve enjoo. Eram animais mortos, galinhas, pombos e diversos pássaros pequenos, além de arroz, farofa e uns caldos estranhos.

Tia Vanda abriu uma garrafa de pinga e deu um trago. Depois, acendeu um charuto, olhou para a lua, abriu os braços e começou a dançar em torno da toalha. Foi uma cena impressionante. A mulher dançava de olhos fechados, devagar, quase em câmera lenta, abaixava e levantava a cabeça rodando e falando baixinho, com o charuto no canto da boca. Depois de um tempo, ajoelhou-se, cobriu o rosto com as mãos, pegou uma garrafinha na mala, abriu a tampa e deu um gole.

Sei que vai ser difícil, leitor, mas, por favor, já estamos na página 43. Peço um crédito de confiança e um pouco de boa vontade e paciência. O que vou contar é incrível, reconheço, mas é verdade, é realidade, são fatos. Aconteceu comigo. Vi com estes dois olhos grudados em minha cara e, depois, vivi com cada membro e órgão do meu corpo.

No estado de São Paulo, no vale do Paraíba, na cidade de Lorena, numa ruazinha de terra perto do largo da matriz, bem na minha frente, num quintal, sexta-feira, noite de lua cheia, vi tia Vanda se transformar num passarinho azul. Eu juro que vi.

Em seguida, a bruxa olhou para os lados, levantou voo e desapareceu.

Devo ter ficado meio louco. Só lembro que agarrei Conceição pelo braço e comecei a gritar:

"Você sabe como ela faz isso? Você sabe como ela faz para voltar a ser gente?" Assustada, pois nunca tinha me visto naquele estado, a moça disse que sabia. Tinha visto a ex-patroa fazer aquilo inúmeras vezes. Atirei-me no chão. Abracei os pés de Conceição. Beijei seus dedos, suas canelas e seus dois joelhos. Implorei com toda a força. Também queria me transformar num pássaro. Conceição tentava se desvencilhar de mim. Eu gemia, grudado em suas pernas. Era só um pouquinho. Só queria voar um pouquinho. Precisava experimentar aquilo. Voar com meu próprio corpo. Flanar pelo espaço feito um deus. Era só um passeio no céu e pronto. Coisa de no máximo um minuto. Conceição tinha medo. Prendi os olhos dela com os meus. Pedi que confiasse em mim. Supliquei. Aquilo ia ser a coisa mais louca, mais linda, mais maravilhosa, mais importante, mais inesquecível da minha vida inteira.

Desvencilhando-se de mim, Conceição, então, saltou o muro. Fui atrás. A moça andava depressa. Agachou-se, procurando alguma coisa na mala. Voltou com um vidro na mão. Uma garrafinha com um líquido marrom. Olhou para mim. Perguntou se eu tinha coragem. Lembro de ter sorrido, quase chorando. Conceição mandou beber o líquido, mas só um pouco, disse, três goles no máximo. Arranquei a garrafa das mãos dela, tirei a rolha e, afoito, tomei os três goles. Três malditos goles.

Lembro de uma tontura. De um formigamento crescendo em minha testa. De uma sensação de queda. Lembro de ver tudo embaçado e de uma espécie de neblina escura em volta de mim. E minha cabeça rodava. E o chão parece que ficou maior e mais perto. E minha boca foi ficando torta, minha pele enrugando, meu corpo encolhendo e mudando de forma.

Compreendo sua incredulidade, leitor.

Por um lamentável engano. Por um desses cruéis acasos do destino, Conceição havia me dado a poção errada e, por causa disso, acabei transformado, sem mais nem menos, num triste e desajeitado cachorro!

Tentei falar, mas só consegui grunhir. Conceição recuou, horrorizada. Depois caiu na gargalhada. Pediu desculpas. Agachou-se. Chorou. Sorriu. Encostou o rosto no meu focinho. Conteve o riso. Segurando minha cabeça, mandou que eu prestasse atenção. Parecia preocupada. Pediu perdão. Disse que havia uma droga capaz de me fazer voltar a ser gente, mas, infelizmente, o remédio não estava ali e sim longe, em outra cidade, debaixo de uma pedra, enterrado entre duas árvores, em Silveiras, atrás da cadeia municipal.

Eu queria gritar por socorro, mas só conseguia latir. Conceição prosseguiu. Disse que agora não tinha jeito. Era melhor ir embora logo. Se tia Vanda voltasse e encontrasse os dois mexendo nas coisas dela, aí sim, a coisa ia ficar preta.

7.

Lá fomos nós cruzando a escuridão de Lorena. Queria achar um telefone e ligar para meu pai. Queria minha mãe. Queria ser internado num pronto-socorro. Queria cair na risada e descobrir, aliviado, que tudo não passara de uma brincadeira. Ou pesadelo. Lembro de olhar para mim mesmo. Aquele corpo grotesco, baixinho e peludo. Aquelas patas. Aquele cheirinho. Não, não podia ser verdade. Ao mesmo tempo, era melhor não pensar demais. Se começasse com muito pensamento, o medo, a loucura e o desespero acabariam tomando conta de mim. Naquele momento, senti isso, lembro bem, era preciso manter a cabeça fria. Corria, ao lado de Conceição, quase sem respirar. É estranho ser um quadrúpede. É estranho ter o corpo cheio de pelos. É estranho ser cachorro, meu Deus!

Entrando na rua de meu tio, notei uma caminhonete estacionada e também as luzes da casa, inesperadamente acesas. No estado em que me encontrava, não dei importância e empurrei a porta, que, àquela hora, não podia estar aberta, mas estava.

Lá dentro, a cena era a seguinte: meu tio de pijama, sem óculos, sentado numa cadeira. Um sujeito apontando um revólver para a sua cabeça. Dois outros empilhando coisas no meio da sala. Vi a televisão colorida e a velha preto e branco, o aparelho de som, dois computadores, a máquina fotográfica, a geladeira, o liquidificador, a máquina de lavar roupas e até minha moto.

Conceição resolveu tentar fugir; acabou levando um soco e começou a gritar. Outro ladrão sacou o revólver. Fui obrigado a deixar de lado os meus muitos problemas pessoais e assumir, pela primeira vez na vida, leitor, meu estado canino. Avancei sobre o malfeitor que, desequilibrado, caiu e, infelizmente, acabou atirando em Conceição. A partir daí, lembro pouca coisa: a vozinha fraca de meu tio gritando por socorro, Conceição gemendo cheia de sangue, alguém soltando um palavrão e, na sequência, tudo escureceu.

Acordei com uma música sertaneja tocando alto, risos e um cheiro úmido de mato misturado com cheiro de gordura. Senti uma coisa apertando minha garganta e uma dor forte na cabeça. Lembro da lua cheia brilhando no céu. Tentei entender o que estava acontecendo. Havia uma caminhonete, a mesma que vira na frente da casa do meu tio, estacionada debaixo de uma árvore, com as portas abertas. Minha moto estava encostada num canto. Olhei para mim. Sim. Aquele cachorro amarrado numa corrente, na porta da cozinha de um casebre, no meio do mato, era eu.

Uma velha entrava e saía da cozinha, com pratos de comida e garrafas de cerveja.

Fiquei escutando as conversas que vinham da sala, misturadas com o ruído de pratos, talheres e gargalhadas. Um calafrio, leitor, abalou meu já quase destroçado sistema nervoso. Os bandidos estavam na sala, comentando o assalto. Faziam cálculos avaliando a mercadoria roubada e discutiam como o dinheiro seria repartido. Soube que Conceição havia sido apenas ferida e que ela e meu tio tinham ficado amordaçados no lavabo. Pelo que entendi, alguém havia me acertado uma coronhada na cabeça. Resolveram me levar porque estavam precisando de um cachorro para tomar conta da casa e latir caso a polícia ou algum estranho resolvesse aparecer.

Enquanto eu escutava as conversas, a velha veio para perto de mim. Era magra, com cabelos brancos e olhos muito azuis. Agachou-se e, sem nenhum medo, examinou o machucado em minha cabeça. Em seguida, foi à cozinha, voltou com um pano cheio de álcool e limpou a ferida. Trouxe ainda um prato de comida e uma tigelinha de plástico cheia de água.

Diante daqueles cuidados, senti as lágrimas encherem meus olhos e tentei pedir socorro. Só consegui emitir um ganido surdo. A mulher sorriu, compreensiva.

Mais tarde, um ruído cresceu no ar. Um automóvel vinha subindo a estradinha de terra acelerando com dificuldade. Dois faróis surgiram, no meio do escuro.

Excitados, os bandidos saíram da casa. Lembro de um deles caçoando de outro, dizendo que o cachorro não prestava, que o carro estava chegando no meio da noite e o cachorro nem havia dado sinal.

O único cachorro ali era eu! Por via das dúvidas, levantei-me e lati enquanto dois dos sujeitos abriam a porteira para o automóvel passar.

Três homens saltaram do carro empurrando uma moça algemada com os olhos vendados e a boca tapada com esparadrapo.

Os bandidos deram risadas e gritos. Deixaram a moça amarrada numa cadeira na cozinha. Chamaram a velha. Mandaram trazer mais comida e mais bebida.

Examinei a moça. Era bonita e tinha uns vinte e poucos anos. Estava bem vestida. Observei uma mancha escura em seu rosto maquiado. Pelo jeito, tinha levado um murro.

Pelas conversas e gritos, foi fácil compreender a situação. A moça havia sido sequestrada, e os bandidos pretendiam pedir um resgate. Pelo que pude entender, era a filha única do dono da revendedora Volkswagen de Taubaté.

Dava medo, leitor, escutar a conversa dos bandidos.

Calculavam quanto a menina valia. Repassavam, ponto por ponto, como fariam para entrar em contato com a família. Combinavam o que cada um precisava fazer. Discutiam formas de confundir a polícia e os vários locais onde o dinheiro podia ser deixado. Para alguns o mais seguro seria pegar o dinheiro e, em seguida, matar a moça. Alegavam que ela tinha visto o rosto de todo mundo. Outros mudavam de assunto. Comentavam que ela era "bem gostosinha", e não seria nada mau transar com ela. Todos riam, brincavam e pediam mais cerveja.

Gani, sentindo pena de mim mesmo. Que desgraça! Onde eu tinha ido parar!

Depois de servir os bandidos, a mulher de cabelos brancos ofereceu comida à moça. Pôs também um colchão no chão da cozinha para que a coitada pudesse descansar. Perguntou se ela precisava ir ao banheiro. Aconselhou a moça a não se preocupar. Garantiu que estaria sempre por perto e tudo ia acabar bem.

"No fim, tudo dá certo", disse a velha sorrindo. "Se ainda não deu certo, é porque não chegou ao fim."

8.

No outro dia, os sequestradores saíram cedo para contatar a família da moça, operação complicada que, pelo que entendi, seria feita por várias pessoas, de vários telefones, de diferentes cidades. A mulher de cabelos brancos também havia saído, mas voltou em menos de uma hora com pão e leite.

Ficamos na casa, um dos bandidos, as duas mulheres e eu.

Enquanto o sujeito assistia à televisão, a velha de olhos azuis serviu café com leite e pão com manteiga para a moça, e encheu um prato com resto de comi-da para mim. Lembro de um fio de nojo embrulhando meu estômago, enquanto as mulheres conversavam baixinho. De onde eu estava, dava para escutar tudo.

A coitada da moça parecia desesperada. Achava que sua família devia estar muito preocupada. Contou que seu pai sofria do coração e já tinha até ponte de safena. Chorou. Lamentou sua triste sorte. Fora sequestrada justo no dia do casamento. Explicou que a cerimônia havia sido à tarde e, à noite, seus pais organizaram um grande baile. Os bandidos apareceram encapuzados, com metralhadoras na mão. A moça soluçava, amarrada na cadeira. Disse que seu noivo não estava, pois tinha ido à agência de turismo pegar as passagens para a viagem de lua de mel. Começou a se mexer descontroladamente. Tossiu. Disse que preferia morrer a ficar ali, presa, imaginando tudo o que podia acontecer.

A velha de cabelos brancos deu um copo de água com açúcar para a moça. Falou que a vida dava muitas voltas. Que hoje era uma coisa e amanhã, às vezes, mudava completamente. Disse que quando moça tinha sido professora do Ensino Fundamental numa escola municipal em São José do Barreiro. Como conhecia muitas histórias, para passar o tempo, ia contar uma delas.

Eu, acorrentado do lado de fora da casa, ajeitei-me melhor em cima do cimento frio. Vou tentar repetir, leitor, a história do jeito que a mulher contou.

Era uma vez um rei viúvo que tinha uma filha mais bonita do que as flores, a lua e as estrelas do céu. O rei amava sua filha, mas tinha um desgosto. Nunca ter tido um filho homem que pudesse, um dia, herdar seus domínios e comandar seus exércitos e os destinos de seu povo. Mesmo assim, em lugar de se casar de novo e, seguindo os conselhos dos nobres da corte, tentar, com outra mulher, fazer o filho que tanto almejava, o rei tomou uma decisão: seria sua filha, e mais ninguém, a futura rainha e senhora de tudo o que possuía.

E a menina cresceu, cada vez mais bonita, mimada e difícil de dominar. Desdenhava dos perigos. Nadava nas lagoas mais escuras. Gostava de se arriscar pelas estradas desertas, saltando barrancos e cercas com seu alazão. Um dia, procurou o pai e disse que pretendia participar de uma caçada. O rei argumentou que lugar de mulher era em casa, perto do luxo, das roupas, das joias e dos perfumes. A filha riu. Respondeu que gostava de joias e perfumes mas também de viajar, conhecer lugares distantes e andar pelas estradas enfrentando os imprevistos. O rei afirmou que caçar podia ser perigoso. A moça insistiu. O rei, para variar, acabou deixando.

No dia seguinte, a princesa partiu acompanhando um grupo de caçadores. Como sempre, foi elegante, de chapéu com penacho, vestido de veludo e um par de luvas brancas. O mato ficava cada vez mais fechado e a menina, cada vez mais feliz. Seguia à frente de todos, montada em seu alazão. E tanto andou e tanto fez e tanto galopou que, quando viu, estava perdida na floresta. Mesmo assim, a menina não se preocupou. Como estava calor, resolveu desmontar e seguir a pé, puxando o cavalo, à procura de um rio para matar a sede. Sem perceber, penetrava mais e mais nas entranhas da mata. Acabou encontrando uma fonte, bebeu água e, para esperar os outros caçadores, acomodou-se numa pedra e dormiu. Quando acordou percebeu que seu cavalo havia fugido.

Sem saber onde estava nem o que fazer, a moça passou a viver na floresta.

Foram tempos muito difíceis.

A princesa nunca tinha ficado sozinha na vida. Estava acostumada a viver cercada de empregados e criadas. Estava acostumada a viver cheia de conforto e segurança.

E a moça mimada precisou construir um abrigo seguro que a protegesse do sol, da chuva, do frio e dos perigos da noite escura. Precisou aprender a caçar e preparar sua comida. Precisou aprender a conviver com o medo e com a solidão.

Com o passar do tempo, acabou ficando com as roupas rasgadas e os cabelos maltratados.

Certo dia, exausta depois de mais um dia de luta pela sobrevivência, a princesa deitou-se embaixo de uma árvore e dormiu.

Foi quando apareceu um príncipe.

O rapaz, filho de um rei vizinho, passeava pelas redondezas e ficou encantado. Achou a moça muito bonita e delicada. Percebeu que ela devia ter se perdido na floresta. Ficou esperando que ela acordasse, mas ela, cansada, continuou dormindo profundamente. Como a noite estava chegando, o príncipe achou melhor buscar uma carruagem para, no dia seguinte, levar a moça. Para marcar sua presença, viu as luvas brancas e levou-as consigo. Mal sabia que eram a única lembrança dos velhos tempos de riqueza daquela menina.

Lembro até hoje da voz da velha, que falava e lavava a louça, enquanto as mariposas circulavam em torno da lâmpada amarela da cozinha.

No outro dia, a menina acordou, deu pela falta das luvas mas não ligou.

Olhou em volta e sentiu que era hora de sair dali em busca de alguma ajuda.

Saiu andando pelo mato e acabou encontrando uma estrada. Seguiu por ela e, depois de uma longa viagem, chegou a um país distante.

Como não conhecia ninguém ali e estava esfarrapada, decidiu não revelar quem era, pois certamente seria considerada uma impostora.

Em troca de pequenos serviços, conseguiu algum dinheiro, comprou roupas bem simples e acabou arranjando emprego de criada no palácio do rei.

A rainha logo simpatizou com a moça e determinou que ela passasse a fazer companhia a sua filha, a princesa, que infelizmente era louca. A pobre doente passava, frequentemente, por momentos incompreensíveis de desânimo e tristeza. Nessas horas, trancava-se no quarto, deitava-se na cama e não queria comer nem falar com ninguém. Além disso, sofria de delírios, às vezes não sabia quem era, escutava vozes, dançava diante do espelho sem ouvir música e, uma vez, chegou a rasgar as próprias roupas e sair nua pelas ruas da cidade.

A outra princesa, a que saíra para passear e agora tinha virado criada, com pena, procurando tratar a menina doente da melhor forma possível, resolveu ensiná-la a jogar cartas. Certa vez, em pleno dia, o céu ficou escuro e as luzes da cidade se apagaram. Assustadas, as pessoas correram, trancando-se em suas casas. A princesa-criada fez diferente. Mandou a patroa doente ficar esperando no quarto e saiu para ver se descobria a razão daquela inesperada falta de luz. Andou, andou até enxergar um clarão no meio do mato. Chegando mais perto, ficou admirada. Viu dois imensos cachorros pretos, em volta de uma fogueira, andando sobre duas patas e mexendo uma colher, num caldeirão. Junto deles, um homem mal-encarado recitava:

Gira que gira que enquanto girar
a doce princesa não pode pensar.
Mexe que mexe que enquanto mexer
a doce princesa vai enlouquecer.

Indignada, mas controlando-se, a menina saiu de trás dos arbustos e se aproximou. Diante dos personagens surpresos, contou que a luz do palácio havia acabado e pediu fogo para acender uma vela. Disse mais. Revelou que, justo agora, estava no meio de um animado jogo de cartas com a princesa. Precisava de luz para terminar a partida. Ouvindo isso, o mal-encarado franziu o rosto.

"Não é possível!", disse ele. "Todos sabem que a princesa é louca e não consegue nem pensar, quanto mais jogar cartas!"

A moça respondeu que o homem devia estar enganado. Contou que era criada da princesa fazia tempo e que a princesa era muito bonita, esperta e inteligente. No baralho, então, completou, era quase imbatível. O homem ficou furioso e começou a gritar:

"Quer dizer que vocês estavam me enganando esse tempo todo?" E, agarrando os cachorros pela nuca, atirou-os no caldeirão fumegante.

A menina, enquanto isso, acendeu a vela e voltou correndo para o palácio. Encontrou as luzes acesas e a princesa completamente curada, pois o feitiço havia chegado ao fim.

A história estava boa, mas confesso, leitor, que não consegui deixar de sentir um certo mal-estar ao pensar nos coitados dos cachorros boiando e queimando no caldeirão.

Lembro de meus cotovelos doendo sobre o cimento duro. Como minha corrente era comprida, levantei-me e, discretamente, fui até uma árvore fazer xixi. Depois, procurei um lugar mais confortável num canto da cozinha.

9.

A velha enxugou as mãos no avental e acendeu um cigarro:

A fama da criada correu mundo, chegando aos ouvidos de outro rei. Sua filha, infelizmente, também era doente. A coitada não conseguia falar. Seu pai mandou convocar os serviços da moça, que, imediatamente, aceitou o desafio. Após a viagem, mal chegou ao palácio e logo fez amizade com a princesa muda. As duas passavam o dia conversando por meio de gestos, fazendo caretas e dando risada. A criada, enquanto isso, investigava, tentando encontrar algo que pudesse estar causando a doença da moça. Como não conseguiu descobrir nada, pediu autorização para dormir no quarto da muda. O rei concordou.

Na primeira noite, assim que a princesa fechou os olhos, a criada escutou um ruído. Fingindo que estava dormindo, ficou espiando com o rabo do olho. Um alçapão se abriu no chão do quarto e dele saiu um cachorro imenso, escuro e tão feio que a moça, horrorizada, não conseguiu continuar de olhos abertos. No dia seguinte, procurou achar o alçapão no piso do quarto, mas não encontrou nada. Na segunda noite, aconteceu a mesma coisa. O cachorro apareceu e, de novo, a moça não teve forças para olhar. Na terceira noite, a princesa-criada respirou fundo. Era mais de meia-noite. O palácio parecia mergulhado num silêncio de morte. Escancarando-se no piso do quarto, o alçapão deixou passar o cachorro. O animal andava sobre duas patas, arrastando o rabo peludo no chão. A criada ficou espiando. O monstro aproximou-se da princesa muda, colocou um anel dourado em seu dedo e a beijou longamente. Em seguida, arrastando o rabo no chão, voltou para o alçapão e desapareceu. Mais que depressa, a criada saltou, arrancou a aliança do dedo da outra e voltou para a cama. Antes da madrugada, o cachorro retornou e beijou a pobre menina de novo. Ao notar que o anel havia sumido, ficou muito agitado. Vasculhou as camas das duas moças, farejou, grunhiu e se agachou no chão, examinando os quatro cantos do quarto. O dia vinha raiando. Ganindo desesperado diante dos raios de sol, o cachorro desapareceu no alçapão e nunca mais voltou.

No dia seguinte, a princesa muda acordou falando. O feitiço havia se quebrado. E a moça chamou as pessoas pelo nome. E cantou. E gritou. E dançou. Emocionada, revelou sentimentos que nunca antes conseguira revelar. Descreveu pensamentos e sonhos. Agradeceu e abraçou a criada. O rei, chorando de felicidade, organizou uma festa, convidando o povo e os nobres do reino.

Passado um tempo, outro pedido veio de longe. Agora era um rei que já nem dormia de tanta preocupação. Seu filho, seu sucessor, o herdeiro de seus tesouros e de seus poderes, um dia voltou de viagem dizendo que tinha encontrado uma moça perdida na floresta. O rapaz se apaixonara perdidamente, mas a menina desapareceu, deixando com ele apenas uma luva branca. O rei estava aflito. Achava que o filho tinha enlouquecido. O príncipe, antes um gigante de força e saúde, caíra doente e não queria mais comer nem saber de nada. Para o moço, a vida não fazia sentido longe daquela moça. Desesperado, o rei mandou convocar a tal criada para que tentasse curar seu filho.

O conto, naturalmente, teve final feliz. A princesa que se perdeu na floresta foi reconhecida e acabou se casando com o príncipe.

Achei a história muito boa e percebi que ela fora escolhida a dedo pela velha de olhos azuis, pois tinha muito a ver com a moça sequestrada. Mais tarde iria perceber que ela também tinha tudo a ver comigo.

Só sei que fiquei um bom tempo pensando nela. E eu, leitor? Será que um dia me livraria daquela forma canina? Será que tinha ficado louco? Será que um dia alguém, quem sabe uma linda moça, me ajudaria a voltar a ser eu mesmo? Será que minha desgraça tinha alguma chance de ter um final feliz como a daquela boa história?

Segundo Conceição, minha salvação estava enterrada entre duas árvores, atrás da cadeia de Silveiras. Acontece que Silveiras ficava longe de Lorena uns sessenta quilômetros ou mais. Como chegar até lá? Lembro de ter ganido baixinho. Teria que fazer a viagem a pé. O pior é que, naquele momento, na verdade eu não sabia nem onde estava e, além disso, antes de mais nada, ainda precisava dar um jeito de me livrar daquela corrente.

Os sequestradores voltaram no fim da tarde, nervosos, discutindo muito. Pelo que pude entender, as coisas não estavam dando certo. Os contatos com a família da moça não foram realizados conforme o planejado. A polícia, parecia, havia montado um sistema de grampos telefônicos muito eficiente. O pior: tudo indicava que um dos integrantes da quadrilha fora identificado durante o sequestro.

O clima pesou, com ameaças, trocas de acusações e muitos palavrões. Alguém deu a ideia de matar, enterrar a moça ali mesmo e desistir do resgate. Outros não aceitavam. Haviam arriscado a vida, comprado armas e alugado aquela casa. Agora, queriam dinheiro. A bebida corria solta. Um dos bandidos, apontando uma garrafa na direção da moça, disse que ela e a família dela eram um bando de gente metida a besta e que ele ia transar com ela ali mesmo, na marra, para ela ver o que era bom.

A moça rezava e chorava, amarrada na cadeira da cozinha. Eu, preso na corrente, também.

De repente, todos ficaram quietos. Era um motor. Alguém vinha subindo a serra. Nervosos, os bandidos pegaram as armas, apagaram as luzes e se colocaram em posições estratégicas.

Estremeci, leitor. E se fosse a polícia? E se houvesse um tiroteio? E eu ali, acorrentado, no meio do fogo cruzado?

Uma luzinha amarela brilhou na estrada. Tive a infeliz ideia de latir, para mostrar serviço. Tomei um chute na cabeça. O carro, um fusca verde, enferrujado, chegou rangendo com um dos faróis apagados. Atravessou a porteira e parou na frente da casa. Abrindo a janela, o motorista perguntou se havia alguém em casa. Disse que estava procurando o Baita. Um dos sequestradores saiu das sombras com a arma na mão. O motorista do fusca falou em nome de Adailton. Disse que o tal Adailton havia dado o endereço.

O nome citado funcionou como uma senha. As luzes foram acesas. Adailton devia ser amigo de confiança do tal Baita, ou algo assim. O motorista saltou do fusca. Era alto, corpulento e usava rabo de cavalo.

Pelo que deu para entender, o recém-chegado estava procurando serviço. Conhecera o tal Adailton num bilhar em Taubaté e este havia recomendado que procurasse o Baita.

Descobri que o Baita, um sujeito magro, de cabelos grisalhos, óculos e uma camisa xadrez de lã, fechada até a gola, era o chefe da quadrilha.

Os bandidos mandaram a velha trazer comida e bebida enquanto conversavam com o motorista do fusca.

O grandalhão logo ficou à vontade. Contou que estava a fim de trabalhar. Garantiu que tinha experiência e sabia como faturar muito dinheiro.

Mandaram trazer mais bebida. O gigante mal-encarado falava bem. Contou que havia chefiado uma quadrilha na região do vale do Paraíba. Explicou sua forma de trabalhar. Primeiro, fazia vários assaltos para levantar dinheiro. Depois, escolhia uma cidade, alugava um terreno no centro e abria um estacionamento. Montava, por outro lado, uma equipe de vigilantes, esses guardas-noturnos que passam o dia inteiro sem fazer nada, armados, tomando conta das ruas. Com a estrutura montada, a quadrilha começava a operar roubando carros no centro da cidade e, ao mesmo tempo, assaltando residências. Nessa fase costumava matar uma ou duas pessoas, ou mesmo o cachorro da casa, só para a notícia sair no jornal e assustar a população. Era uma beleza. Com medo, as pessoas começavam a deixar o carro no estacionamento e a contratar o serviço dos vigilantes. Todo carro deixado na rua era roubado e desmanchado ou vendido no Paraguai. As ruas que não contassem com sua equipe de vigilantes tinham suas casas impiedosamente assaltadas.

O cabeludo ria. Garantiu que o esquema era lucrativo, pois o dinheiro vinha de todos os lados: dos carros roubados, do estacionamento, dos assaltos a residências e ainda dos vigilantes, obrigados a pagar uma comissão de setenta por cento sobre seu salário.

O recém-chegado coçou a barba por fazer. Afirmou que chegara a controlar vinte estacionamentos e uma tropa de duzentos e tantos vigilantes em várias cidades do vale. Cuspiu no chão, limpando a boca com o braço peludo.

Contou que havia perdido tudo, por causa de um sócio, um amigo de infância, seu braço direito. O desgraçado, tentando assumir a liderança do negócio, fez uma denúncia anônima à polícia e o cabeludo acabou indo para a prisão. O sujeito deu um murro na mesa. Disse que subornou o carcereiro, fugiu da cadeia e incendiou a casa do sócio, matando sua mulher e os dois filhos. Depois, levou o sujeito para fora da cidade, encheu de pancada, arrancou suas roupas e o enterrou nu e vivo num formigueiro.

"Foi um barato!", disse. "O cara parecia um pão de ló recheado de sangue, formiga e merda!"

A gargalhada foi geral. Os bandidos pareciam bem impressionados. Sentindo confiança, Baita resolver abrir o jogo e falar sobre o sequestro e os problemas que estava enfrentando. Falou nos grampos telefônicos e no companheiro identificado pela polícia. Revelou, inclusive, a ideia de desistir do plano, matar, enterrar a moça ali mesmo e partir para outra.

O grandalhão foi totalmente contra. Achava um desperdício. O mais difícil, mal ou bem, havia sido realizado. Uma "bacana" daquelas valia uma "nota preta", disse ele. Deixar de ganhar o dinheiro, com tudo na mão, seria "coisa de otário". Para o caso, recomendava duas coisas: mandar o companheiro reconhecido pela polícia para longe e abaixar o preço do resgate. Assim, a família, aflita para ter a filha de volta, aceitaria a troca e soltaria o dinheiro. Com a grana na mão, em vez de devolver a menina, o passo seguinte seria vendê-la a outro grupo. No Rio, por exemplo, existia um pessoal muito bom, disse ainda. Lá eles guardariam a moça por uns meses, depois voltariam à carga, pedindo novo resgate à família. Em resumo: o dinheiro pago pela família somado ao dinheiro pago pelo outro grupo sequestrador, que ficaria com metade do valor do resgate, afinal o sequestro era deles, daria mais ou menos a mesma quantia que eles estavam pedindo naquele momento. Moleza, disse ele escarrando no chão.

Entusiasmados, os bandidos aplaudiram a ideia e mandaram a velha trazer mais bebida.

10.

O cabeludo começou a gritar com um copo de cerveja na mão. Queria fazer um churrasco. Os outros disseram que não havia carne. O grandalhão sacudiu os ombros. Respondeu que isso não era problema. Pediu a caminhonete emprestada, chamou dois bandidos para acompanhá-lo e mandou a velha ir colocando mais cerveja no *freezer*.

Eu, no meu canto, leitor, estava com os piores pressentimentos. Precisava dar um jeito de cair fora. A coisa ali estava cada vez pior. Aquele novo personagem era um indivíduo perigoso. Agora parecia feliz, risonho, festejando. Queria ver quando ficasse contrariado. Pelo seu jeito, pelo modo autoritário como falava, num momento de raiva talvez fosse capaz de matar todo mundo, até um simples cachorro como eu. Que cara violento! Assassinar uma família inteira? Jogar uma pessoa viva num formigueiro e ficar assistindo? Pouca gente tinha coragem de fazer uma coisa daquelas. De novo, lembro, senti pena de mim.

Em menos de uma hora, o cabeludo estava de volta com duas vacas mortas, roubadas de uma fazenda das redondezas. Com a ajuda dos outros bandidos, começou a cortar e a arrancar a pele dos animais, enquanto a velha improvisava uma churrasqueira ao lado da casa.

Não vou esquecer nunca, leitor, daquele festim noturno, do cheiro de cachaça misturado com fumaça, daqueles assassinos lambuzados de sangue, agachados em torno das vacas, rindo, cantando e arrancando as carnes feito loucos.

O cabeludo era o mais animado. Ficou o tempo todo na churrasqueira, temperando, assando a carne e servindo os companheiros. Mandava a velha trazer mais e mais bebida. A ordem era não deixar ninguém de copo vazio. Lá pelas tantas, apareceu na cozinha com um pedaço de picanha espetado na ponta do punhal e ofereceu à moça amarrada na cadeira.

Eu estava na cozinha, por isso posso descrever exatamente o que aconteceu. Vi com meus próprios olhos a moça sorrir e examinar o grandalhão com um jeito sensual e oferecido, completamente impróprio para a ocasião. Durante a noite, a cena se repetiu outras vezes. O cabeludo vinha, ou com um pedacinho de carne ou com um copo de cerveja, e dava na boca da prisioneira. Os dois trocavam olhares. Numa dessas vezes, o bandido cochichou qualquer coisa no ouvido da moça que, encabulada, caiu na gargalhada.

Eu era jovem, leitor. Tudo isso me chocou muito. Aquela menina havia sido arrancada do altar no dia do casamento. Seu pai era cardíaco. Sua família devia estar desesperada, sem conseguir dormir de tanta angústia. Enquanto isso, a desmiolada, sem se preocupar com nada vezes nada, ficava ali trocando olhares e risinhos com o grandalhão cabeludo, um psicopata, um assassino, o pior entre todos os bandidos ali presentes!

A velha de olhos azuis apareceu e atirou um pedaço de carne em cima de mim. Fiquei debaixo da mesa, lembro até hoje, mastigando e pensando na vida. Como as mulheres são! Como podem ser tão lindas e ao mesmo tempo tão irracionais! Recordei minhas amigas, aquelas que me tratavam bem, lançavam olhares encorajadores, saíam comigo, elogiavam minhas qualidades, mas, depois, não queriam saber de intimidades comigo. Pensei em Mônica, uma pessoa legal, tudo bem, mas com a cabeça completamente fresca. Era capaz de se concentrar nos mais intrincados problemas de geometria descritiva e, ao mesmo tempo, ficar ligada em outros assuntos, pegando-me completamente desprevenido. E Conceição, tão à vontade, tão fogosa, tão sem juízo e, pior, tão desastrada?

Enquanto os bandidos se entupiam de carne e bebida, eu pensava e pensava. Em minha opinião de jovem, as mulheres, com raríssimas exceções, viviam com a cabeça nas nuvens. Eram emotivas e românticas demais. Davam, mil vezes, mais importância às aparências e às coisas do coração do que ao bom senso e à realidade.

Eu examinava a loirinha amarrada na cozinha e quase não conseguia acreditar. Uma moça de boa família, bonita, recém-casada, sequestrada, correndo risco de ser estuprada, correndo risco de perder a vida, de repente, sabe-se lá como, mandava às favas ela mesma, o casamento, o noivo e a família para ficar encantada com um homicida, um troglodita violento e sem princípios. Por que isso, leitor?, perguntava a mim mesmo naquela interminável noite de lua cheia. Seria excesso de imaginação romântica? A moça estaria fantasiando fugir de carro pelas estradas com um bandido, como nos filmes americanos? Seria pura e simples atração sexual? A moça, de repente, perdera o juízo diante do corpo musculoso e peludo do grandalhão? Seria isso possível? Ela nem conhecia o cara! É verdade que eu também nem conhecia Conceição, por exemplo, e senti atração por ela na hora. Balancei a cabeça confuso, lembro bem, sacudindo a corrente enferrujada pendurada em meu pescoço.

A festança, pouco a pouco, foi perdendo força. Entre arrotos e engasgos, os bandidos, embriagados, foram desmoronando em qualquer canto a fim de dormir.

Foi quando tudo mudou tão inesperadamente que só não caí de costas porque tinha quatro patas e já estava no chão. Vendo que todos dormiam, o cabeludo apareceu na cozinha e, eufórico, soltou a moça. Os dois se abraçaram e se beijaram com carinho. Em seguida, o rapaz cumprimentou efusivamente a velha. Aos poucos, fui começando a entender. O grandalhão era o noivo da moça sequestrada. A velha de olhos azuis era sua aliada. Saindo com a desculpa de ir comprar pão e leite, havia telefonado para o moço indicando o local do esconderijo. O rapaz decidira agir por conta própria com medo de que a polícia entrasse em cena e, num tiroteio, acabasse pondo a vida da noiva em risco. Obedecendo ao plano do rapaz, combinado por telefone, a velha havia colocado soporífero na bebida dos sequestradores.

Os três agiam com rapidez. O cabeludo trouxe cordas do carro e foi amarrando os bandidos, com a ajuda da moça e da velha.

Durante a amarração, um dos sequestradores se mexeu perto de mim. Era o Baita. O cabeludo estava de costas terminando de prender mais um bandido. Com uma faca na mão, o chefe da quadrilha partiu para cima. Era minha vez, leitor, de entrar em cena. Reunindo toda a minha coragem e sangue-frio, saltei, mesmo acorrentado e desarmado, sobre o canalha, dando uma dentada em seu traseiro. Lembro de meus dentes atravessando a calça de brim e penetrando nas carnes moles do infeliz. Isso deu tempo para o cabeludo acertar um murro no Baita que, desmaiado, foi devidamente imobilizado.

O grandalhão mandou que a velha de olhos azuis me soltasse.

Fiquei por ali, aliviado e cheio de dúvidas. Sim, estava livre, mas e agora? Que fazer com minha liberdade? Não sabia nem mesmo onde estava, pois havia chegado ali desacordado. E se Silveiras estivesse longe? Na dúvida, resolvi aguardar os acontecimentos.

O noivo cabeludo pôs os bandidos amarrados e desfalecidos dentro da casa e trancou a porta com um cadeado. Em seguida, esvaziou os pneus do fusca e do outro carro, dizendo que era melhor voltar de caminhonete.

Lembro do casal no veículo chamando a velha. Lembro de mim, parado, só olhando. Lembro do cabeludo me chamando com um assobio. Lá fui eu.

Sentado no banco de trás, olhei para a minha motocicleta, empoeirada e largada de qualquer jeito ao lado da casa. Tive, lembro, o pressentimento de estar olhando para ela pela última vez.

O grandalhão falava alto. Fiquei sabendo que seu plano era levar a noiva até a casa dos pais, em Taubaté, e voltar com a polícia para prender os sequestradores.

Saindo da estradinha de terra, pegamos uma rodovia asfaltada de pista única. A velha pediu para descer logo adiante. O cabeludo e sua noiva agradeceram à mulher, que recebeu um envelope cheio de dinheiro.

A caminhonete partiu cantando pneu. Olhando pela janela, senti meu estômago esfriar. Passamos por uma placa verde com a palavra Silveiras escrita em letras brancas. Se pudesse, saltava ali mesmo, mas o cabeludo dirigia em alta velocidade. Estávamos na Rodovia dos Tropeiros, justamente aquela que sai da Dutra e passa por Silveiras, Areias, São José do Barreiro, Bananal e vai embora, acho, até o Rio de Janeiro! Comecei a gritar tentando explicar minha dramática situação. O casal achou graça nos meus latidos. Lembro da moça acariciando meu triste focinho.

11.

Em vez de seguir direto para Taubaté, a caminhonete deu sinal entrando em Guaratinguetá. Era pouco mais de cinco da manhã. As luzes acesas dos postes tentavam, inutilmente, empurrar os chumaços de neblina para longe. Estacionamos em frente a uma casa térrea, recém-pintada. Enquanto o grandalhão me chamava, a moça ia na frente com um chaveiro na mão.

Era uma residência recém-reformada. A sala fora dividida em dois ambientes: uma confortável sala de estar e uma sala de jantar. Toda a mobília por ali parecia nova. Uma espécie de janelinha de madeira, como se fosse um balcão, ligava a sala de jantar à cozinha. Havia pacotes abertos e fechados espalhados por todos os lados.

Fiquei perambulando pela sala, sentindo os cheiros, examinando o aparelho de som embrulhado num saco plástico, a televisão, os quadros e os enfeites. Quase todas as fotos penduradas nas paredes eram da moça sequestrada. Havia também fotografias do cabeludo e dos dois juntinhos abraçados e risonhos. Não foi preciso ser muito esperto para perceber que estava na casa dos recém-casados.

Enquanto os dois pombinhos se beijavam escandalosamente, tentei, mais uma vez, falar. Diante do meu ganido, a moça foi à cozinha e trouxe uma tigela cheia de leite e um punhado de presunto.

O cabeludo caiu de costas no sofá, pegou o telefone e discou um número. Berrou. Disse que ela estava lá. Jurou que era verdade. Deu risada. Chamou a noiva. A moça chorou ao telefone. Respondeu que sim, que rezou, que graças a Deus, que ninguém tinha posto um dedo nela, que nasceu de novo, que foi muita sorte, que sentiu medo. Antes de desligar, garantiu que já estava indo.

Enquanto a moça foi ao banheiro, o cabeludo fez uma segunda ligação. Desculpou-se por ligar tão cedo. Mandou chamar um tal de seu Miguel. Disse que estava com um problema, que haviam sequestrado sua noiva, que agora estava tudo bem, que pretendia levar a moça para Taubaté mas não tinha ninguém em casa para cuidar do cachorro. O cachorro era eu! Em resumo, pedia que seu Miguel viesse me pegar. Esclareceu ainda que precisava levar a polícia até o esconderijo da quadrilha, que em seguida viajaria em lua de mel, que não sabia quanto tempo ficaria fora, que deixaria a porta da casa aberta e um envelope com o dinheiro em cima da mesa do espelho. Perguntou se dona Cecília estava bem e se havia alguma novidade no sítio. Pedindo que seu Miguel trancasse a casa e ficasse com a chave, que na volta da viagem ele pegaria, despediu-se e desligou.

Em seguida, apressado, trancou-se no lavabo. A moça apareceu de bermudas e óculos escuros, carregando uma sacola de mão. Fez carinho em minha cabeça. O cabeludo voltou e os dois se beijaram mais uma vez antes de partir.

Fiquei na sala, sem saber direito o que pensar, escutando o motor da caminhonete cada vez mais longe.

Um sentimento de revolta, leitor, foi crescendo em minhas entranhas. Eu não merecia aquilo! Como a vida pode ser tão injusta e sem sentido? Sentia-me humilhado, espremido, sufocado e impotente dentro daquele corpinho de cachorro. Ao mesmo tempo, tinha dúvidas se aquilo tudo era verdade ou se eu havia enlouquecido. Olhei de novo para mim mesmo. Examinei minhas patas. Eram, sem dúvida, patas e unhas de cachorro. Lati, escutando minha própria voz. Deitei no chão de barriga para cima. Examinei meu corpo, meu peito peludo, minha barriga cinzenta com várias tetinhas, meu sexo e vi, lá no fundo, um desajeitado e encolhido rabo entre as pernas.

Fui, então, tomado por uma dolorosa solidão e por um sentimento de incapacidade. Incapacidade de ser eu mesmo. Incapacidade de expressar minhas ideias e sentimentos. De tomar conta de mim. De estar junto das outras pessoas.

E me veio uma saudade de casa, saudade de meus pais, dos amigos, da minha vida normal, do meu quarto, da bagunça do meu armário, de mim mesmo, do Lúcio, aquele cara de dezoito anos que tinha acabado de fazer exame para entrar na faculdade.

E a revolta foi se transformando num desespero que subia do estômago, tomando conta do meu corpo e do meu pensamento.

Encontrei uma caneta esferográfica em cima da mesinha do telefone. Tentei segurá-la de um jeito que me permitisse escrever. Fui até um jornal jogado no chão. Agarrando a esferográfica de lado, com os dentes, tentei escrever "socorro". Não consegui nem fazer o "s".

Desarvorado, derrubei o telefone no chão e, usando a pata, fiz uma ligação a cobrar. Escutei a voz de minha mãe do outro lado. "Alô, alô", dizia ela, e eu só conseguia ganir. Ela bateu o telefone na minha cara. Tentei de novo. Várias vezes. No fim, começou a dar ocupado. Minha mãe deve ter deixado fora do gancho, pensando que era trote.

Acabei perdendo completamente o autocontrole, leitor. Bati a cabeça na parede. Mordi e arranquei o fio do telefone. Urinei no tapete e, depois, sentindo uma cólica incontrolável, sujei a sala inteira. Avancei contra as poltronas, ataquei cortinas, mordi e rasguei o sofá, corri sem direção pela sala, atirando no chão móveis, cinzeiros e bibelôs.

Minha vontade era morrer. Se conseguisse acabar comigo, por tabela poria um fim naquele pesadelo abominável.

12.

Minha vontade de morrer foi curada, ou, pelo menos, adiada, por uma pancada que quase me quebra a espinha em três pedaços. Mal tive tempo de me virar e lá vieram outras, recheadas de pontapés e palavrões, provenientes de uma figura magra e sinistra. O sujeito me xingava, me ameaçava e, com uma vassoura, fui enxotado e trancado no lavabo.

Fiquei, debaixo da pia, dolorido e atordoado, ouvindo o homem praguejar enquanto arrumava e limpava a sala.

O cara parecia bastante irritado com a bagunça que eu havia feito. De vez em quando, abria a porta do lavabo só para me dar outra vassourada. Encolhido atrás da privada, eu tentava me proteger.

Mais tarde, fui levado até a rua e atirado sobre uma carroça, estacionada do lado de fora. O homem trancou a casa, saltou na carroça e berrou: "Vamo, Sereno!".

Enquanto a carroça pererecava pelos paralelepípedos, eu, amarrado e trêmulo, espiava a paisagem por uma fresta de madeira.

Atravessando Guaratinguetá, pegamos uma estrada larga de terra e pedregulhos. Os ônibus passavam levantando poeira. De vez em quando, o homem xingava a mãe do cavalo. Uma varejeira ficou tentando morder minhas orelhas. Paramos em frente a uma venda na beira da estrada. Pude examinar melhor o sujeito. Era comprido, usava um chapéu preto de abas largas, sandálias de dedo e um bigodinho fino desenhado em cima da boca. Andando devagar, ligeiramente inclinado para a frente, foi até a venda, comprou pão, leite e tomou pinga. Eu assistia a tudo pela fresta. Voltou depois, arrastando os pés, subiu na carroça e acendeu um cigarro. "Toca em frente, Sereno! Eia!" E lá fomos nós de novo, rangendo debaixo do sol.

Saindo da estrada de pedregulhos, enveredamos por uma estradinha de terra e começamos a subir uma serra. Eu espiava e acompanhava o esforço do cavalo. De vez em quando, surgia uma casinha de sapé. Passamos por plantações de milho e cana e por uma olaria abandonada. O mato aumentava cada vez mais. Ao dobrar uma curva, notei um cachorro deitado na estrada. Estava de barriga para cima, inchado, cheio de moscas e formigas. Mais adiante, passamos por outro na mesma situação e logo depois por mais outro. Lembro de ter achado estranho tanto cachorro morto. Deviam, pensei comigo, ter sido atropelados, se bem que aquela estradinha não parecia ter movimento algum. O caminho foi ficando mais e mais estreito. Alguém surgiu a cavalo, vindo em sentido contrário. A carroça parou e os dois homens conversaram rapidamente. Tive a confirmação de que o sujeito de chapéu preto era mesmo seu Miguel. O outro, a cavalo, um negro, descalço, perguntou a seu Miguel se estava sabendo da última feita por "ele". Seu Miguel respondeu que não. O outro contou que "ele" quase tinha pegado o vermelho, o cachorro do Firmino.

"O paqueirinho?", perguntou seu Miguel, espantado.

"O próprio!", confirmou o negro. E disse mais. Que o Firmino tinha chegado na hora e que o Firmino ficou bravo e acertou um soco que quase vaza a vista "dele". "Ê, lasqueira!", exclamou seu Miguel, dando um tapa na própria perna.

E ameaçou: se aquele filha da mãe aparecesse no sítio, ia ver uma coisa. Disse que "abria a cabeça dele com a enxada e depois pegava o corpo, picava, misturava no fubá e dava pra cachorrada comer".

O negro caiu na gargalhada. Seu Miguel também. Senti medo, leitor. Os dois se despediram e — "Vamo, Sereno!" — nossa viagem prosseguiu.

O mato agora roçava as laterais da carroça. Passamos por uma cruz enterrada na beira da estrada. O vento soprava um perfume abafado. Umas borboletinhas passaram, amarelas, saracoteando. Após mais subidas e descidas, atravessamos uma ponte de madeira e paramos diante de uma porteira vermelha. Sobre a cerca de arame telado erguia-se uma placa pintada à mão: "Sítio Santa Rita".

Seu Miguel desceu da carroça, abriu a porteira e entrou a pé, puxando o cavalo pela rédea. Continuei espiando pela fresta. O lugar era agradável. No alto de uma elevação, cercada de árvores, havia uma casa térrea e grande, fechada, com um terraço coberto na frente. Ao lado, mais abaixo, outra, menor, com as janelas abertas, fumacinha branca escapando da chaminé e varal cheio de roupas penduradas.

Sempre arrastando os pés, seu Miguel fechou a porteira, voltou e, com um safanão, arrancou a corda do meu pescoço, atirando-me fora da carroça.

Logo me vi cercado por vários cachorros que latiam e arreganhavam os dentes. Não sabendo o que fazer, resolvi ficar onde estava, sem mover um músculo. Era um bando de vira-latas, cada um diferente do outro, todos magros e de pelos espetados. Apesar de serem muitos, uns seis ou sete, não pareciam bravos e, confesso, não senti medo. No fim, os latidos diminuíram e um deles, aproximando-se, desconfiado, cheirou meu focinho e minhas partes íntimas. Senti cócegas, mas resolvi aguentar firme. Os outros, tomando coragem diante da minha passividade, fizeram a mesma coisa. Dei minhas cheiradelas também. Notei, aqui e ali, um rabo abanando amistosamente. Um dos cachorros, então, afastou-se e urinou na roda da carroça. O bando inteiro urinou no mesmo lugar. Por via das dúvidas, fiz a mesma coisa.

O ambiente foi ficando mais ameno. Seu Miguel havia desatrelado o Sereno, levando-o para o estábulo. Depois, empurrou a carroça até a garagem. Voltou acompanhado de uma mulher gorda e desdentada, parecia uma índia, enxugando as mãos no avental, e de um menino de uns dez anos, de pele escura e cabelos alourados.

Seu Miguel explicou aos dois que a ordem do patrão era que tomassem conta de mim. A mulher resmungou alguma coisa que não consegui entender. Seu Miguel respondeu que o jeito era ficar de olho. Em seguida, mandou o menino soltar o Capitão.

Um cachorro escuro, maior e mais forte que os outros, apareceu com as orelhas levantadas. Adotei novamente a tática de ficar parado. O grandalhão veio rosnando para cima de mim. Eu estava cansado. Resolvi mandar o vira-lata para o inferno. Foi meu erro. Minhas palavras de indignação se transformaram em latidos e dentes arreganhados. Como resposta, o cachorro simplesmente saltou em meu pescoço. Tentando me desvencilhar, tropecei, caindo de cara num monte de areia. Seu Miguel e a família davam risada. Os outros cachorros, assistindo à cena, latiam alegres e folgados. Fiquei com os olhos fechados, o focinho enfiado na areia. O grandalhão vira-lata então se aproximou, levantou a perna e mijou na minha cara!

O sangue, leitor, borbulhou em meu cérebro, trazendo um sentimento quase selvagem de despeito e indignação. Calma lá! Eu sou gente!, lembro de ter pensado, com o rosto ensopado. Eu não era um vira-latinha qualquer, não senhor. Meu nome é Lúcio. Tinha família. Sou ou pelo menos era um animal racional pertencente à espécie humana. Sabia ler. Tinha feito o jardim de infância, o Ensino Fundamental e o Médio completos e, no momento, era praticamente um universitário. Conhecia gramática, matemática, geografia, história, biologia, sabia tirar raiz quadrada, sabia de cor várias leis da física, sabia usar uma tabela periódica e até arranhava um pouco de inglês. Além disso, tinha RG, título de eleitor, CPF, certificado de reservista, carteira de motorista e conta no banco; pequena, mas tinha. Não! Eu não podia aceitar uma humilhação como aquela, principalmente vinda de um animal inferior, de um vira-lata qualquer, e ainda por cima diante de uma plateia!

Lembro de ter agido por instinto. Enchi a boca de areia, virei o corpo, fiquei em pé sobre as duas patas e cuspi com toda a força nos olhos arregalados do grandalhão, que recuou, perplexo. Aproveitando--me disso, mordi seu focinho com todos os meus dentes e a força ancestral dos meus antepassados mais primitivos. Deu certo. O cachorrão fugiu ganindo e fungando, com o rabo entre as pernas. Ficou longe, amedrontado, com o focinho sangrando, tentando tirar a areia dos olhos com as patas.

Até estufei o peito ao notar o respeito saltando dos olhos e do silêncio dos outros cachorros.

Seu Miguel já tinha ido cuidar da vida. Voltou mais tarde, carregando um latão enferrujado com uma espécie de sopa grossa de fubá, arroz e uns poucos pedaços de carne misturados. Atirou a comida no chão e voltou para casa arrastando os pés.

Apesar de estar com fome, me recusei a comer. Preferia um milhão de vezes morrer de inanição a me rebaixar e engolir aquela gosma nojenta em companhia daqueles vira-latas. Fiquei longe, vendo os infelizes devorarem apressados o fubá espalhado no chão.

Jurei a mim mesmo fugir naquela noite, e foi exatamente o que fiz.

13.

Depois da gororoba de fubá, os cachorros seguiram para a porta da casa do caseiro. Achei melhor ir também. Lembro do cheirinho saboroso da comida. Lembro do céu azul-escuro. A gorda com cara de índia, que era dona Cecília, terminava de preparar o jantar. De vez em quando, atirava uma casca de pão ou um pedaço de gordura para a cachorrada. Seu Miguel, num banquinho do lado de fora, cortava as unhas do pé com uma faca. O filho brincava com bolinhas de gude. Uma menina menor, que eu ainda não tinha visto, estava entretida no chão da cozinha, conversando com uma boneca.

Anoiteceu. Enquanto a família jantava, a menina pediu:

"Mãe, conta história?"

Dona Cecília continuou em silêncio, mastigando.

"Mãinha!"

Soltando um arroto, a mulher pôs o prato vazio sobre a pia, desligou o rádio de pilha e sentou, acomodando as banhas, num banquinho de madeira. A menina se ajeitou melhor. O menino guardou as bolinhas numa lata de óleo de milho. Seu Miguel começou a preparar um cigarro de palha. Eu mesmo procurei uma posição mais cômoda. A voz de dona Cecília foi escapando baixa e rouca, quase como se ela falasse consigo mesma.

Vou tentar repetir, leitor, a história nas minhas palavras:

Era um rei muito poderoso. O rei tinha tudo: cidades, terras, tesouros, exércitos, escravos e navios, mas vivia infeliz. Acontece que sua esposa, a rainha, não conseguia ter filhos. O monarca já tinha chamado tudo quanto era médico e convocado sábios de terras distantes. Não adiantou nada. Conforme o tempo passava, o rei se preocupava cada vez mais. Sem um filho, quem cuidaria de suas propriedades depois que ele morresse? E o castelo? E os tesouros? E o povo?

Um dia, para espairecer, o rei decidiu fazer uma caçada. Despediu-se da rainha, andou e andou por mil estradas, atravessou rios e florestas, e acabou encontrando uma moça sentada debaixo de uma árvore, na beira de um lago.

A moça era a coisa mais linda que o rei já tinha visto.

O cavaleiro desceu do cavalo e os dois começaram a conversar.

A moça contou que era princesa, filha de um rei muito poderoso. Acabou chorando. Confessou que sua vida era um martírio. Disse que vivia solitária, longe da família, num castelo ali perto. E falou de uma profecia. Seus pais estavam proibidos de visitá-la, caso contrário uma grande desgraça desabaria sobre a família. Explicou que era sua sina e que, enquanto o feitiço não fosse quebrado, estava condenada a viver na solidão. Sorriu. Disse que tinha ficado muito feliz com aquela visita inesperada.

O rei também contou sua história e acabou revelando sua tristeza por não conseguir um filho.

E as conversas foram se encaixando e os olhares também. Não deu outra. O que aconteceu entre o rei e a princesa foi amor à primeira vista. Apaixonados um pelo outro, os dois acabaram indo para cama. Passaram juntos uma semana de muito amor e carinho.

Mas o rei não podia ficar. Tinha compromissos e precisava partir. Prometeu voltar para casar com a moça, despediu-se e deu a ela de presente uma pintura com o seu retrato e um colar de diamantes, antiga joia de família.

Acontece que longe dali, a rainha, a esposa que não conseguia ter filhos, andava desesperada. Sentia sua posição ameaçada e resolveu fazer um pacto com o diabo. Rezou pelas forças do inferno e apelou para as bênçãos do belzebu. Numa noite escura, recebeu em sua cama a visita do próprio satanás em carne e osso, fez a loucura de transar com ele e conseguiu, finalmente, engravidar.

Ao voltar da caçada, o rei soube da novidade. Confuso, mas também cheio de alegria, decidiu esquecer aquela tal da bela princesa que morava lá longe.

Depois de muitos dias e noites, a moça solitária acabou caindo em si. Viu que seu amado, sua esperança, o rei viajante, na verdade não ia voltar mais. Ficou triste mas fazer o quê?

O tempo passou. Um dia, ficou enjoada, apalpou a barriga e descobriu que estava grávida. Meses depois, nasceu a criança.

Sem saber o que fazer, sozinha, sem amor, sem marido nem o apoio da família, a moça mandou um criado largar a criança na porta do castelo onde viviam seus pais. Era o único jeito.

O recém-nascido foi descoberto dentro de um cesto pelos sentinelas e levado imediatamente ao rei. O sujeito ficou surpreso. Mandou chamar a rainha e disse que estava mesmo precisando de uma alegria como aquela. Já que não podia cuidar de sua filha adorada, ia cuidar daquela criança que ninguém sabia quem era.

Passaram-se os anos. O moleque adotado pelo rei, que era seu avô sem saber, chamava-se Luís, cresceu e virou uma pessoa legal, inteligente e generosa.

O mesmo não podia dizer o outro rei, aquele que, não podendo ter filhos, acabou, sem saber, cuidando do rebento do próprio Lúcifer.

O nome de seu filho era Roberto e o tal Roberto foi uma praga desde pequeno. Sangrou o peito da mãe na hora de mamar. Comeu carne crua com menos de um ano. Não sabia brincar, só brigar. Não sabia cantar, só gritar. Não sabia sorrir, só caçoar. E o cara humilhava os professores. Desdenhava da gente do povo. Maltratava os animais. Caçava pelo prazer de ferir. Matava cavalos de tanto galopar. Punha cachorro contra cachorro e, fascinado, deixava os bichos sangrarem até o fim...

Deitado ao lado dos outros cachorros, lembro das pulgas e carrapatos passeando e mordendo meu corpo. Pensei na semelhança entre a vida de Roberto e a história do corpo-seco.

E se a origem do corpo-seco fosse a mesma que a do tal Roberto? Se isso fosse verdade, que culpa tinha ele?

Mas a história de dona Cecília foi em frente.

Um dia, o velho rei, pai da tal princesa solitária, achou que era hora de mostrar o mundo a seu filho adotivo. O moleque já estava com uns 18 anos.

Os dois foram a cavalo percorrer estradas e lugares. Acabaram chegando, por acaso, ao reino do outro, daquele que não conseguia ter filhos, que saiu para caçar e, na volta, encontrou sua mulher grávida.

Os viajantes foram recebidos com todas as honrarias. O rei anfitrião gostou das boas maneiras do filho adotivo do outro. Chamando o velho rei de lado, contou as dificuldades que enfrentava para educar o dele. Pediu um favor. Queria que Luís passasse uma temporada no seu castelo. Talvez sua companhia fizesse bem ao outro.

O pai adotivo deixou, mas infelizmente a desgraça apareceu a galope, pisoteando tudo. Cheio de ciúme, Roberto passou a provocar o jovem convidado de seu pai. Xingava de mendigo enjeitado. Disse que o cara era um babaca, filho, com certeza, de alguma puta.

O outro não gostou nem um pouco. Houve briga. Levando um murro na cara, Roberto, cheio de ódio, foi correndo falar com o pai e mentiu. Disse que Luís tinha atacado pelas costas. Disse que Luís tinha dito que a rainha, a mulher do rei, sua mãe, era uma putana velha.

O rei ficou surpreso e muito bravo. Que história era aquela? Afinal, era a rainha que tinha sido ofendida. Afinal, era o príncipe herdeiro, o futuro rei, que tinha sido humilhado em seu próprio reino.

Mandou chamar o jovem Luís e disse o seguinte. Mandou o rapaz partir para saber quem eram seus verdadeiros pais. Se no prazo de cinco dias não encontrasse, seria preso e decapitado. Era o castigo por ter ofendido a rainha e o príncipe, esposa e filho do rei, nas terras do próprio rei.

Sem alternativa, Luís partiu a esmo pelas estradas, em busca de sua origem e verdadeira identidade. No meio do caminho, encontrou uma mulher na beira da estrada. Era uma velha.

Apesar da idade avançada, a tal senhora vestia uma roupa alegre e colorida, cheia fitas e brocados. O rapaz a cumprimentou tirando o chapéu e foi passando. A velha perguntou aonde ele ia. Luís não podia perder tempo. A mulher pediu que esperasse. Disse que sabia o que ele procurava. Sabia que corria risco de vida se não encontrasse seus verdadeiros pais. Disse que podia ajudar. Mas, em troca, queria que Luís se casasse com ela.

Examinei dona Cecília. Como uma mulher do povo desdentada e provavelmente analfabeta podia conhecer uma história tão legal e tão intrincada?

Luís não conseguiu segurar o riso. “Mas a senhora tem idade para ser minha avó!”, disse isso e partiu a galope.

No dia seguinte, em outra estrada, longe dali, encontrou de novo a mesma senhora. A mulher disse que podia ajudar, mas só se ele se casasse com ela.

Admirado, o cara sacudiu a cabeça e foi em frente.

O prazo dado pelo rei estava chegando ao fim.

No quarto dia, Luís encontrou a mulher outra vez. Ela veio com a mesma conversa e ainda disse:

“Menino, olha que a vida vale muito!”

O rapaz examinou a velha. Era sua única chance. Não queria morrer de jeito nenhum. Disse que, sim, concordava com o casamento se ela lhe dissesse o que devia fazer. Mas, por dentro, pensou: “Digo que caso, mas não casarei!”.

Mas a mulher era experiente. Exigiu que Luís jurasse de pé junto e desse sua palavra de honra. O rapaz, a contragosto, acabou jurando. A tal velha, então, contou que os pais adotivos de Luís eram, na verdade, seus avós. Falou do rei viajante e do pacto selado entre o diabo e a rainha sua esposa, pacto que resultou num menino de nome Roberto. No fim, ensinou como se chegava ao castelo onde morava sua mãe.

Não havia tempo a perder. O jovem galopou pelas estradas e, naquela mesma tarde, chegou no castelo e encontrou uma mulher muito bonita, sentada debaixo de uma árvore na beira do lago. O rosto dela era parecido com o seu!

Luís saltou do cavalo e apresentou-se. Depois, agarrou a mulher e abraçou-a com alegria, contando--lhe tudo.

Maravilhada, sua mãe correu até o castelo e voltou com o retrato de um homem e com uma caixa de veludo onde havia um colar.

Luís tinha pressa. Saltou sobre o cavalo e viajou a noite inteira. Na manhã do quinto e último dia, chegou ao castelo e mandou chamar o rei. Disse que tinha cumprido sua missão, mas que precisava contar uma longa história. Falou de um rei que não conseguia ter filhos. Falou de uma viagem para espairecer. Falou de uma princesa que vivia sozinha num castelo. Sentado no trono, o rei enrugou a testa. Luís continuou. Falou do amor entre o rei viajante e a princesa solitária. Mudou de assunto. Descreveu uma rainha que, desesperada por não poder ter filhos, acabou dormindo com o diabo. A rainha arregalou os olhos. Apesar de o céu estar azul, um raio explodiu, inexplicável. O rapaz mostrou a todos o retrato de um homem.

"Este é meu pai!", disse ele. Mostrou um colar de diamantes. "Esta é a joia que, até ontem, permanecia em poder de minha mãe!"

O rei ficou em pé. Luís então era seu filho! A rainha desmaiou.

"É mentira!", berrou Roberto, saltando sobre Luís com uma faca na mão.

Dizem que a luta foi brutal. Num contragolpe, Luís conseguiu agarrar a faca e, sem vacilar, enterrou--a no coração do outro. O filho do demônio estremeceu e ficou no chão contorcendo-se feito um lagarto. Um líquido escuro escorreu de sua boca, seus olhos ficaram em chamas e, diante de todos, acabou se transformando num nojento cachorro morto.

Um mal-estar cruzou minha espinha, da nuca até a ponta do rabo. Dona Cecília ainda contou que a rainha foi julgada, condenada e enviada ao calabouço. Que o rei, feliz, abraçou seu filho e anunciou ao povo a chegada do novo príncipe. E que, em seguida, mandou buscar a princesa, que morava longe, e com ela se casou, na presença do velho rei, o pai adotivo e verdadeiro avô de Luís, agora seu sogro.

— E a velha, mãe? — perguntou o filho do seu Miguel.

14.

"Credo, já ia me esquecendo!", disse a contadora de histórias ajeitando as banhas no banquinho.

Disse que a tal da idosa apareceu no meio da festa e declarou que Luís havia jurado e dado sua palavra de honra. Exigiu que a promessa fosse cumprida. Nem o rei nem o povo entendiam o que estava ocorrendo. Que raio de promessa era aquela? Um cara jovem se casar com uma velha caindo aos pedaços? O futuro fazendo aliança com a decadência do que já foi? Luís pediu a palavra. Tentou se explicar. Disse que era tudo verdade. Graças àquela mulher, havia descoberto sua mãe, seu pai e sua verdadeira identidade.

E assim, cumprindo o prometido, Luís se casou com aquela velha, a contragosto, é verdade, mas que casou, casou.

Na noite de núpcias, constrangido, o jovem se deitou ao lado da velha, deu boa-noite e apagou a luz. Já estava quase dormindo, quando sentiu a mão dela em seu ombro. A mulher pediu desculpas pelo adiantado da hora. Disse que precisava fazer uma perguntinha. Era importante. Queria saber o que Luís preferia: uma mulher bonita para toda gente e feia para ele, ou uma mulher feia para toda gente mas bonita para ele. Bocejando, o príncipe respondeu que, claro, preferia uma mulher bonita só para ele. A velha, então, pediu que Luís acendesse a luz. O cara não acreditou. A anciã caindo aos pedaços, a idosa encarquilhada, tinha virado uma jovem e linda mulher.

Os dois logo ficaram apaixonados. De dia, a esposa de Luís era uma mulher trêmula e enrugada apoiada em uma bengala. À noite, no quarto, entre os lençóis, transformava-se numa deusa gostosa cheia dos carinhos e amores.

As pessoas não compreendiam como o príncipe podia ser feliz casado com uma velha daquelas. Criticavam seu mau gosto e falavam mal dele pelas costas. Certa noite, a esposa, outra vez, botou a mão no ombro do marido. Precisava uma confirmação. Para ela era questão de vida ou morte. Queria ter certeza de que Luís era feliz e realmente preferia uma mulher bonita só para ele em lugar de outra, feia para ele mas linda aos olhos dos outros. O cara colocou a mulher no colo. Deu muitos beijos. Jurou que era muito, muito feliz.

"Mil vezes obrigada", gritou a mulher, saltando e dançando pelo quarto. "Você acaba de quebrar o meu encanto! Eu era uma moça bonita e, por causa de um maldito feitiço carregado de inveja e ciúme, fui transformada numa velha. Agora, finalmente, o quebranto chegou ao fim. Agora, graças a você, graças ao seu amor, vou poder ser eu mesma, alegre, bonita e gostosa, de noite e de dia!"

Estiquei o pescoço. O relógio sobre a geladeira marcava nove horas e pouco. Fui saindo, discretamente, enquanto a mulher de seu Miguel acabava de contar sua linda história.

A cerca que contornava o sítio, uma tela de arame entrelaçado, era muito benfeita. Seu Miguel, pelo jeito, não queria que seus vira-latas fossem para a estrada. Fiquei irritado. Para que tanto trabalho? Por causa de um monte de vira-latas? Se ao menos fossem de raça!

Acabei encontrando um ponto remendado quase na divisa com o sítio vizinho. Tomando cuidado para não machucar a boca, puxei o arame e desfiz os nós que uniam os dois pedaços, conseguindo abrir um buraco suficientemente grande para meu corpo passar.

Suspirei, lembro bem, diante da estradinha aberta em minha frente. Estava com fome e sabia que teria de enfrentar uma longa caminhada. Lembro que o ar pesado e o vento anunciavam chuva mais tarde.

Meu plano era voltar para Guaratinguetá, arranjar comida e um canto para dormir em algum posto de gasolina na beira da Dutra. Depois, inventaria um jeito de chegar a Silveiras.

Segui pela estrada estreita de terra. Mais adiante percebi luzes ao longe e escutei o ronco de um motor.

Um automóvel veio chegando pelas minhas costas. O veículo, uma kombi, passou devagar desviando dos buracos. Ao ler a inscrição pintada na porta dianteira — "Canil Primavera" —, senti uma flor brotando no deserto do meu peito. Saí atrás da kombi, latindo para chamar a atenção. Gente de canil, afinal, pensava eu, é gente que adora cachorro. Quem sabe, o pessoal do Canil Primavera não me arranjava um pouco de comida? Quem sabe não ganhava uma carona até Guaratinguetá? A kombi parou e voltou de ré. Eu latia e pulava de alegria. Alguém abriu a porta lateral. Jogaram uma coisa em cima de mim.

"Pega ele!", gritava uma voz pastosa, enquanto eu, assustado, tentava me desvencilhar da armadilha.

Um menino apareceu, e, rápido, suspendeu a rede, atirando-me no interior da kombi.

"Tá na mão!", berrou o moleque com voz grossa, batendo a porta com força.

Fiquei lutando, com dentes e patas, tentando, ao mesmo tempo, me livrar da rede e compreender a situação.

O motorista, um gordo entalado entre o banco e o volante, guiava com o braço esquerdo para fora da janela e um cigarro pendurado no canto da boca. Seu companheiro, que não era um menino e sim um anão, soltou um palavrão e algo como: "Pelo menos agora já dá para encostar o carro". O outro não concordou. Achava melhor esticar até o Sedoguchi antes de voltar.

"O homem não gosta de ver a gente voltar de mão abanando", resmungou com sua voz pastosa.

"E esse um?", perguntou o anão.

"Isso e nada é a mesma coisa", respondeu o gordo, voltando-se com dificuldade e olhando para mim. "Antes, no tempo da espingarda, era mil vezes melhor", suspirou, engatando outra marcha. "A gente chegava, jogava biscoito, o bichinho vinha e a gente passava chumbo. Agora é essa canseira de para kombi, joga rede, pega bicho, desce da kombi, sobe na kombi... haja saco!"

E o anão completou:

"E se vacilar ainda toma dentada!"

A kombi pulava mais que a carroça do seu Miguel.

"Tá vendo, lá adiante?", perguntou o gordo diminuindo a velocidade. "Pega a rede, Tigrão!"

O veículo parou. Preso no fundo da kombi, eu não conseguia enxergar nada. O baixinho atirou a rede pela janela. Ouvi uma correria do lado de fora. Um cachorro começou a ganir.

"Dá a volta!", gritava o gordo. "Corre! Dá a volta!"

O anão saltou da kombi, mas voltou logo:

"O lazarento escapou", exclamou entrando e batendo a porta.

"Merda!", rugiu o gordo, mastigando o cigarro.

Continuamos sacolejando por um bom tempo, até que, finalmente, a kombi reduziu a marcha, subiu uma rampa e parou. O anão saltou. Escutei o rangido de um portão e latidos. Fui retirado da kombi e colocado num cercadinho.

Tentei me situar, espiando através da grade de ferro. Estávamos no Canil Primavera. O local era limpo e organizado, com o chão inteiramente cimentado. De um lado havia uma casa com as luzes acesas. Do outro, uma fileira comprida de compartimentos de alvenaria, revestidos com ladrilhos brancos, cada um com sua porta e janelinha. Pelos latidos, os cachorros do canil ficavam presos ali.

Uma cabeça apareceu no alto do cercadinho. Era um sujeito careca, vestindo camiseta branca, com um curativo no olho esquerdo.

"Só isso?", perguntou decepcionado.

E começou a reclamar. Disse que assim não dava. Que, desse jeito, a cachorrada não ia acabar nunca. O gordo e o anão mentiram. Explicaram que perderam um tempão correndo atrás de mim. Disseram que eu era muito bravo. Que quase havia mordido os dois, tinha fugido pelo mato e que só a muito custo conseguiram me capturar.

"Se a gente não fosse velho de guerra, não prendia ele nem nunca!", garantiu o anão.

O homem de camiseta me olhou com desprezo. O gordo de voz pastosa aproveitou para dar sua opinião. Achava que antes, com a espingarda, era bem mais prático. Achava que mesmo aqueles que, apesar dos tiros, conseguiram fugir, haviam sido feridos e agora, com certeza, estavam apodrecendo no mato.

O homem com o curativo no olho discordou com um gesto de cabeça. Para ele, cachorro morto era cachorro morto. Nada desse negócio de "acho". Explicou como se já houvesse explicado muitas vezes. Primeiro, precisava dar o tiro. Depois, verificar se o bicho estava morto mesmo e aí anotar na caderneta. Disse que essa história de achar que tantos haviam morrido, em média, talvez, mais ou menos, com ele não funcionava. Com ele era pão, pão, queijo, queijo. Fazia questão de ter certeza.

O anão quis saber quando eles iam poder usar a espingarda outra vez. O careca explicou que, pelo menos durante um tempo, era melhor parar de matar a cachorrada. Estava dando muito problema. Mostrou o olho machucado. Segundo ele, o desgraçado, além do murro no olho, havia dado queixa na polícia. Sorriu olhando para mim. Sua voz era fina e rouca.

"Tudo bem. A gente agora não mata mais. Só vai castrar um pouquinho." E berrou: "Traz o alicate, Zé!".

E assim, leitor, eu, um moleque chamado Lúcio, um jovem inexperiente, talvez um pouco irresponsável, mas também um quase universitário, um cara que só queria tirar umas férias, viajar e espairecer, de repente me vi amordaçado, deitado de costas, com as pernas abertas à força e com um homem, parado na minha frente, rindo, segurando uma espécie de alicate comprido numa das mãos e uma garrafa de álcool na outra.

Lembro de meus olhos doendo de tão arregalados. De uma cólica revirando meu intestino. Do coração galopando e, paradoxalmente, querendo parar.

Bateram palmas lá fora. Queriam falar com seu Renatão.

15.

Era um homem pequeno. Surgiu no pátio cimentado, apoiado num pedaço de pau. Respeitoso, deu boa-noite, tirando o chapéu da cabeça. Naquela posição humilhante, eu tentava acompanhar a cena com o rabo do olho. O recém-chegado pediu desculpas pelo adiantado da hora. Falava com forte sotaque caipira. Perguntou quem era o doutor Renatão. Renatão era o careca doido que queria me castrar! O recém-chegado parecia sem jeito. Deu boa-noite de novo. Explicou que morava longe, para lá do Taquaral. Havia saído cedinho de casa, mas a distância era grande e andando a pé, mesmo sem parar, só havia conseguido chegar ali àquela hora da noite. Pediu mais desculpas. Disse que era por causa de um cachorro. O bicho, mais ou menos desse tamanho, tinha a cabeça inteirinha preta e o corpo amarelado, cheio de manchas. Havia sido encontrado por ele, ainda recém-nascido, fazia oito anos, três meses e doze dias, abandonado numa caixa de sabão em pó, na estrada do Corredor.

O sujeito contou que morava sozinho, ele e a mulher, que levou o filhotinho para casa e deu a ele o nome de Sultão. Abriu um imenso sorriso quase sem dentes. Disse que tratou Sultão como se fosse o filho que nunca teve. Que deu mamadeira com leite em pó integral. Que vacinou. Que comprou vitamina. Que fez um berço, ele mesmo. Até chupeta o cachorro usou. Contou que só não batizou na igreja porque o padre Lino disse que não podia. Garantiu que Sultão nunca tinha comido resto de comida, não senhor. Comia o mesmo que ele e a mulher punham na mesa. Se algum dia o cachorro passou fome, foi porque ele e a mulher também tinham passado. Disse que conforme Sultão cresceu, foi ficando, com a graça de Deus, o cachorro mais bonito de todo o Taquaral, do Sedoguchi até a ponte velha de Piquete, passando pela granja do Professor e a olaria do seu Martinho. Que naquelas bandas do vale do Paraíba não havia cachorro mais bonito, nem mais esperto, nem mais valente, nem mais querido que Sultão.

O homenzinho contou que trabalhava como diarista na Fazenda Lambari, derrubando mato, carpindo, roçando, arando e plantando. Afirmou, orgulhoso, que fazia um pouco de tudo. Se era para limpar mato na capoeira, limpava. Se era para carregar saco na carroça, carregava. Se era para vacinar a criação, vacinava. Podava, adubava e passava cal no pé das árvores para não pegar formiga. Disse que toda a vida, fosse onde fosse, ia sempre acompanhado pelo Sultão. Segundo ele, o bicho era daqueles que andava rente, encostado na perna do dono. Se de vez em quando sumia por causa de um barulhinho no mato, logo voltava para junto, de novo.

Sorriu, tapando a boca com a mão. Contou que às vezes, de tardinha, depois do trabalho, quando cismava de parar na venda do seu Albertinho e tomava mais cachaça do que devia, era Sultão que o ajudava a chegar em casa. E Sultão assistia à missa domingo. E Sultão acabou com o gambá que vivia rondando o galinheiro. E Sultão, acredite se quiser, leitor, assistia à novela, gostava de sorvete de chocolate, era corintiano e arrancava traíra da beira do lago com a boca; uma vez, no meio da noite, pegou ladrão no quintal, e mais: Sultão sabia falar, falava a palavra Álvaro, e Álvaro, disse orgulhoso, era ele mesmo!

O cara baixou a cabeça. Sultão havia sumido de casa fazia uma semana, e ele e a mulher estavam desesperados. Contou que a esposa chorava e rezava o dia inteiro. Disse que pediu licença no serviço e saiu à procura do bicho. Assuntando aqui e ali, acabou ouvindo falar no Canil Primavera e achava que seu cachorro estava lá e, por favor, agora queria seu cachorro de volta.

Para meu alívio, Renatão colocou o alicate na mureta e saiu do cercadinho. Perguntou se, por acaso, o sujeito estava insinuando que alguém ali havia roubado o Sultão. Cuspiu no chão de cimento. Mandou o homenzinho olhar em volta. Afirmou que aquilo era um canil de primeira classe, que ali só tinha cachorro puro-sangue e que ele, Renato Amaral de Castro, era um dos mais importantes criadores da raça *beagle* do estado. Explicou que em seu canil só entrava material de qualidade, cachorros com *pedigree*, importados da Inglaterra e dos Estados Unidos. Deu risada, piscando para o gordo, que, infelizmente, ainda me segurava. Disse que detestava vira-latas. Disse que se um vira--lata entrasse no canil ele passava chumbo. Para ele, aliás, o homenzinho devia dar graças aos céus por ter perdido o cachorro.

Renatão tinha toda uma teoria sobre o assunto. Explicou que os vira-latas eram uma praga. Que eram uma raça inferior. Que tinham doenças. Que aquela mistura racial só dava porcaria.

"É que nem o povinho brasileiro", disse olhando fixamente para o homem de chapéu.

E perguntou por que o país era atrasado. Por que havia tanta miséria? Por que um país com tanta terra boa, com tanta riqueza natural, não conseguia ir para a frente?

"É tudo por causa do povo!", explicou ele, com sua voz fina. "Esse povinho vira-lata, essa racinha molenga e degenerada quer saber de tudo, menos de trabalhar!"

Renatão contou que toda vez que suas cadelas ficavam no cio, uma cambada nojenta de vira-latas aparecia rondando o canil. Disse que, uma vez, um vira-lata conseguiu escalar a cerca de arame, subir numa árvore, andar sobre o telhado, pular dentro do canil e cruzar com três fêmeas.

"Três, de uma vez só!", berrou Renatão. "As cadelas eram campeãs, com medalha, diploma e tudo!"

Disse que, quando chegou de manhã cedo, encontrou o cachorro lá, no bem-bom, e que ele mesmo se encarregou de matar o bicho na hora, a tiro. Matou as fêmeas também. Disse mais, levantando a voz. Jurou que, se dependesse dele, todos os vira-latas do mundo já estariam mortos, apodrecendo pelas estradas. Na época do cio, ele não queria nem saber. Mandava seus funcionários saírem pela estrada com a espingarda, matando tudo quanto era cachorro suspeito que passasse por perto.

O sujeito de chapéu na mão sacudiu a cabeça, sorrindo com seus parcos dentes. Disse que não sabia nada de raça de cachorro mas tinha certeza de que o doutor Renatão, um entendido no assunto, jamais teria a coragem de matar seu cachorro.

"É porque o senhor não viu o meu Sultão direito!", disse, exultante.

E descreveu novamente o animal. Era diferente dos outros, com aquela cabeça preta, o corpo amarelo manchado e um par de olhos brilhantes. Afirmou que Sultão tinha bom coração, era mais bonito e mais inteligente do que muita gente por aí.

Renatão examinou o relógio. Disse que agora era melhor o homenzinho ir andando. Antes de dormir, explicou olhando para mim, ainda precisava terminar um certo servicinho. Pondo o chapéu na cabeça, o outro respondeu que só ia embora se levasse o Sultão.

Renatão mandou o sujeito sair. Pela última vez, frisou ele, garantiu que ali não tinha vira-lata nenhum. Para o outro, havia sim. Apontou para mim. Disse que não tinha certeza como era um cachorro de raça, mas que aquele, por exemplo, ali no cercadinho — eu, leitor! —, era vira-lata e que se eu estava lá, o Sultão também estava, e ele queria o Sultão de volta.

Renatão apontou o portão com o dedo. Já estava de saco cheio, disse, empurrando o sujeito. De surpresa, o homenzinho reagiu, derrubando o cara no chão. Em seguida, com o pedaço de pau, que, agora eu via melhor, era uma enxada, correu para os canis e foi abrindo um por um a golpes de enxada, gritando o nome de Sultão.

Enquanto o anão ajudava Renatão a se levantar, a cachorrada solta corria em todas as direções e o gordo escorregava tentando deter o homem da enxada.

Os *beagles* foram direto para o portão aberto, desaparecendo na escuridão. Renatão, desesperado, corria tentando recuperar seus puros-sangues.

Aproveitando a confusão, saí do cercadinho e, de focinheira e tudo, sumi na estradinha de terra.

16.

Corri feito louco, leitor. Queria evaporar. Queria estar a trezentos e trinta e três mil e trezentos e trinta três quilômetros dali, do tal Renatão e daquele maldito Canil Primavera. O vento uivava feito um cachorro. Eu corria sem respirar e, com certeza, sem conseguir pensar. Em minha cabeça espocavam imagens, cenas que se repetiam mecanicamente, na mesma ordem: eu com as pernas abertas, Renatão segurando o alicate, o homenzinho derrubando Renatão, o homenzinho abrindo os canis com a enxada, os cachorros escapando, eu com as pernas abertas, Renatão segurando o alicate, o homenzinho derrubando Renatão...

Graças àquelas imagens, acho, arranjei energia para correr do jeito que corri. Raios silenciosos faiscavam no céu. As gotas de chuva tamborilavam no meu couro cabeludo. Lembro dos vaga-lumes fugindo e do ruído pesado da água fazendo ranger as árvores.

Corri sem parar até escutar o barulho de automóveis, enxergar fachos de luzes acendendo e apagando e, de repente, chegar à beira da Dutra.

Mergulhei direto na pista. Lembro dos veículos desviando, das buzinas aumentando e diminuindo, do bafo quente dos motores, do cheiro de asfalto e gasolina, de pneus cantando, da chuva de faróis misturada com a chuva mesmo.

Não sei até hoje, leitor, como não morri naquela noite. Correndo em zigue-zague, parei, andei na contramão pelo corredor formado pelos veículos, driblei ônibus, caminhões e automóveis, consegui atravessar a Dutra e continuei até me ver, de repente, em outra estradinha de terra.

Havia chegado a um ponto-limite. Meu corpo inteiro doía. Minhas patas sangravam. Minha alma também. Fui parar num oratório, desses pequenos de beira de estrada.

Conceição tinha me contado que esses oratórios eram construídos sempre que alguém, por causa de acidente, assalto, doença ou qualquer outra razão, morria na estrada sozinho e sem ajuda.

Eu estava na estrada sozinho e sem ajuda.

Apesar da chuva, o lugar, cheio de velas acesas, estava seco e quentinho. Entrei e me acomodei entre uma Nossa Senhora sem cabeça, uma imagem, acho, de Cosme e Damião, fotografias de pessoas que morreram e fitas vermelhas.

Teria eu morrido e ainda não tinha percebido? Seria eu uma espécie de corpo-seco?

Sei que lutei muito até conseguir me livrar da focinheira, escutando meu coração, a chuva e, longe, o ruído da Dutra.

Lembro, como se fosse hoje, daquela noite passada no oratório, eu cheio de pulgas, carrapatos e uma agulhada sutil, inesperada mesmo, machucando meus sentimentos mais íntimos.

Preciso, leitor, falar um pouco sobre isso.

Desde o momento em que, por causa daquela trapalhada de Conceição mas também, reconheço, por imprudência minha, fui transformado num cachorro, os fatos aconteceram com tamanha velocidade que mal tive tempo de parar para pensar no meu real estado canino. Isso, na verdade, só foi acontecer, e de maneira bastante brusca, quando, preso no cercadinho do Canil Primavera, fui classificado de vira-lata, primeiro por Renatão, e depois pelo cara de enxada na mão. Apesar do medo em razão da minha castração iminente, aquelas palavras pegaram de mau jeito, doeram em minhas orelhas e em meu amor-próprio.

Deitado no oratório perto da Dutra, fui obrigado, pela primeira vez na vida, a olhar de verdade para mim mesmo. Senti necessidade de saber, exatamente, que espécie de cachorro eu era. Tinha como referência pastores-alemães, *cockers-spaniels*, *dobermanns*, *collies*, *boxers*, dálmatas, *setters*, filas e muitas outras raças caninas. Após um minucioso autoexame, fui obrigado a reconhecer que não pertencia a nenhuma delas. Meu jeito, minhas cores, meu pelo, meu tamanho, meu focinho, meu rabo, tudo em mim era mesmo, infelizmente, muito mais parecido com aquilo que chamamos de vira-latas. Além disso, o tal Renatão, por mais louco que pudesse ser, entendia de cachorro e não ia querer me castrar se eu valesse alguma coisa.

Naquela noite, o gosto amargo da decepção parou em minha boca, em minha língua, e na saliva em torno dos meus dentes.

Comecei a lembrar histórias de família, contadas em casa. Escutei a voz de meu avô, já falecido, garantindo que a gente era descendente de um ilustre português que, certo dia, duelando em defesa da honra da família, matou uma pessoa e por isso precisou fugir para o Brasil. Isso, no século passado. Chegando aqui, meu nobre antepassado foi lavrador, entrou para o comércio, abriu um armazém de secos e molhados, casou-se e acabou enriquecendo. Segundo meu avô, tínhamos até um barão na família, nomeado por dom Pedro II, o barão de Santa Gertrudes, avô do meu avô. Lembro do pai de meu pai, orgulhoso, mostrando o brasão de família, um escudo com uma espécie de pluma de cada lado, uma espada, uma machadinha por trás e, embaixo, um dístico em latim.

E minha mãe? Quantas vezes não comentou que, pelo lado dela, a gente descendia de uma família da nobreza italiana, gente que, perdendo tudo durante uma guerra, no tempo de Garibaldi, acho, imigrou para o Brasil e recomeçou a vida. Meus antepassados precisaram trabalhar na terra, foram padeiros e marceneiros, mas, ela garantia, na verdade eram todos nobres, gente grã-fina, com sangue azul e tudo.

Essas nobrezas familiares, apesar de bastante duvidosas e com certeza um pouco fantasiosas, confesso, davam-me um certo conforto interior. Não que eu fosse preconceituoso, leitor, mas, não vou negar, experimentava uma sensação de agradável segurança por saber que meus antepassados não eram qualquer um. Ser descendente de gente pobre era, no fundo, para mim, ser descendente de quem sempre foi empregado, escravo, gente sem poder, sem cultura, sem tradição, gente miúda, enfim, do povão. Eu não! Meus antepassados, afinal, acreditava eu, eram europeus, nobres, altos, loiros, de olhos azuis, inteligentes, musculosos, gente culta, rica, bonita, tradicional, guerreiros conquistadores, navegadores, espadachins invencíveis andando a cavalo, morando em suntuosos castelos medievais.

Todos aqueles sonhos de nobreza e de um passado grandioso naufragaram naquele toró perto de Guaratinguetá. Se aquelas lendas familiares fossem verdade, eu, ao ser transformado em cachorro, forçosamente deveria continuar mantendo minhas tradições, ou seja, teria virado, no mínimo, um cão de raça, um puro-sangue com *pedigree*, jamais um desengonçado e suburbano vira-lata.

Sozinho no oratório, abandonado, sem saída, exausto e ferido, lembro, leitor, de ter chorado e soluçado feito um recém-nascido. Ou talvez um recém-falecido. Chorei pelo medo de talvez nunca mais voltar a ser um ser humano. Solucei por estar longe de casa, longe de meus pais, de minha família, de meus amigos. Chorei pela solidão e pela impotência de não conseguir falar. Solucei pelos sonhos destruídos, por ter sido transformado num cachorro e, ainda por cima, num cachorro comum, num pobre, simples, popular, pulguento e desprezível vira-lata.

17.

Acordei com duas ideias na cabeça. Dar um jeito de chegar a Silveiras, e, antes, arranjar urgentemente um pouco de comida.

Bebi água numa poça que havia se formado perto do oratório e peguei a estradinha de terra que, pelos meus cálculos, seguia mais ou menos paralela à Dutra. Havia um buraco em meu amor-próprio e outro, cada vez maior, em minha barriga. Andava e ia imaginando um prato com bife, arroz, feijão, farofa, linguiça, batata frita e ovo frito por cima.

Xingava a mim mesmo, arrependido por não ter nem ao menos experimentado a sopa de fubá servida no Sítio Santa Rita. Não podia ser tão ruim assim, afinal, além de ser a comida diária dos outros cachorros, alimentava, era quente, e isso, pensava eu agora, não era pouco.

Uma Brasília branca com um velho guiando e uma menina ao lado passou, espirrando lama em cima de mim.

Fiquei parado na beira da estrada com os olhos e o focinho cobertos de terra. Minha vontade era desmoronar, chorar e cavar um buraco no chão que fosse dar direto em minha casa em São Paulo. Como cair e chorar não adiantava nada, e esburacar o chão muito menos, saí da estrada e peguei uma picada de terra. Meu instinto canino dizia que por perto havia água. Realmente, logo adiante encontrei um riacho.

Lavei o rosto, matei a sede e fui andando sobre as pedras, sem direção, seguindo o curso das águas e a minha intuição.

O lugar era bonito, cheio de árvores imensas e frondosas. As borboletas voejavam, coloridas e delicadas. Passarinhos alegres cantavam no alto dos galhos. Se pudesse, caçava e comia todos eles.

Lembrei de Sultão. Se pelo menos eu soubesse como pescar uma traíra com a boca!

Tentava me concentrar para distrair a fome, quando um perfume morno bateu em meu focinho. Alguém, com certeza, estava cozinhando ali por perto. Obedecendo ao meu faro canino e hipnotizado pela esperança de comida, escalei o barranco e descobri uma casa escondida entre as árvores. Era uma construção sólida e simpática, com janelinhas vermelhas e paredes cobertas de trepadeiras. A porta aberta da cozinha deixava escapar um indescritível aroma de carne assada.

Não havia ninguém na cozinha. Meu primeiro impulso, naturalmente, foi roubar a carne, mas como abrir o forno? Como pegar a panela? O fogão estava quente e eu, agora, era cachorro e só podia contar com minha boca.

Resolvi espiar a casa por dentro. As janelas e portas da sala estavam abertas. O espaço era agradável, com estantes de livros por todos os lados. Sobre uma mesinha, um computador ligado com um texto pela metade. No sofá, um *laptop* com uma capa de plástico transparente. Além disso, havia uma pilha de livros no chão, livros espalhados sobre a mesa e abertos em cima de um dos sofás velhos. Já estava achando que não havia ninguém em casa quando escutei vozes. Vinham abafadas, de fora, dos lados do barranco, do lugar onde o riacho fazia uma curva. O relógio pendurado na parede estava parado. O cheiro da cozinha passou de novo, só para me torturar. Saí da casa e desci o barranco. Encontrei um casal de idosos, à beira do riacho, conversando animadamente.

O velho, um gordo sem camisa, com jeito bonachão e um bonezinho branco enterrado na cabeça, estava deitado de barriga para cima sobre uma toalha, com os braços cruzados atrás da cabeça. A mulher, de cabelos brancos e curtos, magra e alta, usava óculos escuros, vestia bermuda xadrez e estava nua da cintura para cima. Brincava com os pés enfiados no rio, sentada numa cadeira de alumínio.

Apesar do perfume da carne assada me deixar atordoado, decidi ficar por ali. Cedo ou tarde, aqueles dois iam ter que almoçar e aí, quem sabe, com jeito, não sobraria um restinho de comida para mim?

O gordo falava pausadamente, examinando as nuvens do céu. Vou tentar, leitor, reproduzir mais ou menos aquela conversa, gravada até hoje em minha memória.

"Vamos supor", disse ele, "vamos supor, vamos supor, vamos supor. Um dia, um desconhecido aparece aqui no sítio, atravessa o rio, para em cima da pedra e afirma, alto e bom som: 'Senhoras e senhores, estou mentindo!'. Em seguida, vira as costas e vai embora".

Segundo o velho, caso isso acontecesse, tanto ele mesmo como a mulher seriam vítimas de uma dúvida atroz. Explicou que se a frase "estou mentindo" fosse verdade, então o sujeito não estaria mentindo e sim dizendo a verdade. Se, por outro lado, ele estivesse mentindo, "então", concluiu o velhote, rindo, "ele também não estaria mentindo e sim dizendo a verdade!".

A velha assobiava baixinho.

O gordo disse que na vida as coisas eram "necessariamente" assim, complicadas e contraditórias, repletas de acasos e alternativas. Chamou a outra de ingênua. Caçoou.

"E você, parece incrível, fica aí com essa mania de que tudo no mundo tem lógica!"

"Não é mania", respondeu a velha de pele queimada e peitos de fora, batendo com a sola dos pés na água do riacho. "É, apenas, uma questão de saber enxergar a realidade!"

E pediu que o amigo examinasse em volta. Disse que só um velho, cego e teimoso como ele não via que tudo ali fazia sentido. Segundo ela, a realidade era formada por infinitos sistemas interagindo. Cada sistema, porém, tinha sua estrutura e sua lógica. E falou em ciclos e ritmos. No dia que vinha depois da noite que vinha depois do dia. Na grama que alimentava o inseto, que alimentava o bicho pequeno, que alimentava o bicho maior, que alimentava o bicho maior ainda. Depois, "evidentemente" disse ela, todos esses bichos morriam e eram comidos por micro-organismos que por sua vez realimentavam a terra e faziam a grama crescer.

"Veja o caso da semente", continuou ela. E falou em sementes que brotam, crescem, viram árvores, dão flores e depois frutos. "Diga o que existe dentro dos frutos?", perguntou ela. "Sementes!", respondeu ela mesma, entusiasmada.

E as sementes levadas pelo vento, por formigas ou pássaros, caíam mais adiante e acabavam germinando, brotando, e tudo começava outra vez. Disse mais. Falou que as árvores tinham sementes, que os insetos tinham sementes e que os homens também tinham.

"A descoberta de que tudo tem uma origem, se você pensar bem, é revolucionária e provavelmente veio do conceito de semente."

Eu escutava aquela conversa mole cada vez mais aflito.

O gordo chamou a mulher de doutora *honoris causa* do idealismo. Disse que a outra falava de um mundo teórico e esquemático, um universo abstrato que "absolutamente" não existia. Afirmou que o mundo "definitivamente" não era um sistema organizado e lógico. Na opinião do sujeito, pelo que eu entendi, a manifestação das coisas e dos fatos se dava num sistema desencontrado, caótico, sem lógica alguma, um processo cheio de acasos e imprevistos. Mandou que a mulher olhasse as nuvens do céu. Perguntou se elas às vezes formavam desenhos e figuras reconhecíveis. A resposta foi sim.

"É isso!", disse o gordo, com um jeito simpático, retirando cuidadosamente uma formiga de dentro do umbigo.

Disse que as nuvens formavam figuras aleatórias, figuras sem nexo, possibilidades ao acaso. No entanto, as pessoas faziam projeções culturais, viam significado naquelas formas, inventando ordem onde havia apenas caos. Aliás, as pessoas, concluiu ele, em geral costumavam ver apenas aquilo que queriam ver. Ou o que suas lentes culturais permitiam ver.

— A vida e o mundo são muito maiores! — completou ele.

O cheiro da carne invadiu meu focinho feito um ataque aéreo.

A velha se espreguiçou. Disse que discordava. Chamou o outro, carinhosamente, de irracionalista. Para ela a vida e o mundo formavam um sistema bastante equilibrado.

"Pode reparar", dizia ela.

Afirmou que tudo tinha um lugar e uma função. Comparou átomos com planetas. Lembrou a impressionante e nada aleatória semelhança entre o universo e seu conjunto de galáxias, um sistema como o solar, com seus astros, planetas e satélites e um átomo com o núcleo, nêutrons, elétrons e partículas girando em volta. "Obviamente", eram sistemas idênticos, de dimensões diferentes, interagindo em permanente diálogo. A realidade, afirmou, era um grande e complexo sistema, e esse sistema fazia sentido, sim senhor.

O gordo, de surpresa, virou-se com o dedo apontado para mim.

"Repare naquele vira-lata, por exemplo."

Levei um susto, leitor, embora já estivesse me acostumando com aquela desanimadora classificação.

O sujeito perguntou se a velha achava que eu estava ali por alguma razão especial. Riu vitorioso. Afirmou que, se tudo era um sistema lógico, tudo deveria ter uma razão de ser. Riu mais. Quis saber o que, na teoria da outra, teria me trazido até ali. Seria o destino? Lembro-me de ele frisar a palavra destino.

O cheiro da carne estrangulava minha garganta. Eu fazia o impossível para acompanhar aquele papo complicado, sentindo um rio de saliva escorrendo da boca.

Para a mulher, não era por aí. Segundo ela, havia, claro, muitas coisas que ocorriam por acaso. O acaso simplesmente faz parte do sistema, explicou ela acendendo um cigarro.

"Por outro lado, você há de concordar, há fenômenos que não conhecemos." E garantindo que o fato de não conhecer uma coisa não tirava, de forma alguma, o sentido dessa coisa, completou:

"Não tem sentido para nós, num dado momento!"

E lembrou que os povos antigos, por exemplo, tiveram que, um dia, desenvolver a linguagem. Antes, os homens eram apenas animais rosnando e fazendo ruídos sem sentido. Depois começaram a repetir determinadas interjeições para comunicar, por exemplo, prazer, perigo, alegria, dor, medo, sins e nãos. Esses ruídos, aos poucos, foram se fixando, mais ou menos, servindo para designar isso e aquilo, acabaram virando convenções, deram nomes às coisas e, assim, a linguagem nasceu. Lembrou que com o processo de fecundação humana ocorreu algo parecido.

"Os povos arcaicos, 'evidentemente', faziam sexo", disse ela, "mas tudo era instinto".

Não sabiam o resultado daqueles impulsos prazerosos e irresistíveis. "Naturalmente" inventaram inúmeras teorias mágicas, deuses da origem e da fertilidade, para explicar como as mulheres, de repente, ficavam diferentes, com os peitos inchados, barrigudas e, depois, davam à luz.

"Demorou milhares de anos, você sabe, para esse assunto ficar esclarecido."

"Esclarecido?", retrucou o velho com expressão fingidamente escandalizada.

Para ele, aquilo tudo era palavrório. Para ele, antes diziam que eram deuses da fertilidade. Hoje dizem que espermatozoides fecundam óvulos.

"Daqui a mil anos vão dizer outra coisa, tenho certeza!"

E perguntou sobre a paixão. De costas na toalha, abriu os braços, suspirando profundamente. Quis saber o que fazia um homem, um belo dia, ficar apaixonado por uma mulher. Era bom-senso? Era lógica? Era instinto? Destino? Acaso? Por que justo aquela e não outra? E se o sujeito não tivesse conhecido aquela? E as outras? Colocando o dedo na testa, o gordo pediu que a mulher sem sutiã raciocinasse.

"A vida das pessoas são construções 'absolutamente' caóticas e discutíveis. O sujeito conhece uma mulher, casa, tem filhos, tudo por acaso. Se morasse em outro bairro, conheceria outra mulher, teria outro casamento, outros filhos. É ou não é?", perguntou. "Ou você agora vai ter a coragem de me falar em 'almas gêmeas'?"

O velho limpou os óculos. Garantiu que a vida era um caos, que tudo era um caos, que tudo ocorria por acaso, que uma coisa acontecia mas podia não ter acontecido, que ele estava ali no sítio conversando com ela à beira do rio por causa de um monte de coincidências sem sentido, a começar pelo seu nascimento, segundo ele, um autêntico absurdo. Disse que a vida era um monte de fatos ocorridos a esmo e que ele, pessoalmente, achava isso ótimo.

Pousou os olhos em mim mas parou e franziu o nariz como se estivesse farejando alguma coisa. Perguntou se a mulher estava sentindo cheiro de comida.

Estremeci, com os olhos úmidos de alívio.

18.

Esticando o pescoço, a mulher abriu as narinas. Talvez sim, respondeu. Cheirou o ar de novo. Concluiu que era cheiro de carne. Alguém, disse ela, devia estar preparando um churrasco ali perto.

O gordo fechou os olhos, com ar sonhador.

"Você sempre usando a lógica!"

E partiu para as conjeturas. E se, por exemplo, os últimos remanescentes de uma tribo indígena, escondida no mato e ainda desconhecida da civilização, estivessem fazendo um festim antropofágico ali perto? Ela ia chamar uma cerimônia profundamente religiosa e mítica de "churrasco"? E se, por exemplo, um grupo de charlatões de uma dessas seitas, falsos religiosos enganadores do povo, houvesse sido preso e agora seus membros estivessem sendo queimados vivos, linchados pela população revoltada? O gordo ria.

A velha se espreguiçou, pensativa, esticando os dois braços para cima. Disse que o que o outro estava fazendo era um mero exercício de imaginação. Disse que nem tudo o que o ser humano imaginava ou inventava tinha interesse. Aliás, completou, quase tudo o que o homem pensa não serve para nada. Disse que aquela história de índios antropófagos e charlatões enganadores do povo era pura ficção. Segundo a lei das probabilidades, podiam ser alternativas possíveis mas extremamente remotas. O lógico, o razoável, o mais provável e condizente com a realidade e o senso comum era simplesmente que alguém, uma família, por exemplo, estivesse preparando um churrasco pelas redondezas.

Eu não acreditava, leitor. Minha cabeça latejava diante daquela conversa mole absurda. Minha boca babava. Meus dentes queriam cair.

Sem conseguir me conter, comecei a gritar, implorando que os dois parassem com aquela conversa mole sem sentido. Só consegui rosnar e latir.

"Sou obrigado, em parte, a concordar com sua argumentação", considerou o gordo, passando as unhas debaixo do queixo, "mas..."

E pediu que a velha olhasse bem para mim. Comparou os homens aos animais. Disse que os homens viviam cheios de expectativas, de ideias preconcebidas, de projetos, teorias e verdades a respeito de tudo. "No fundo, o que incomoda no ser humano", continuou ele, "é exatamente isso. Em vez de olhar a realidade concreta e as coisas práticas, os homens ficam teorizando. Falam em 'liberdade' mas costumam ser os donos da verdade. Ora, como pode haver liberdade se a verdade é uma só? Falam do 'amor', mas nunca da prática do amor". O velho afirmou que, para ele, essas idealizações eram simplificações e tinham um objetivo muito claro: controlar a realidade. No mundo da teoria, tudo tem que ter um rótulo, tudo tem que ter um sentido, tudo tem que ter uma utilidade, tem que ser mensurável e existir especificamente por causa de alguma coisa, senão não interessa nem existe, e isso é lamentável.

"Como medir um sentimento? Como medir um gosto? E outra: uma borboleta serve exatamente para quê?", perguntou ainda.

"Agora repare nesse animal!", pediu o velho, sentando-se na toalha e apontando para mim.

E afirmou que os cachorros eram seres cheios de paz. Mandou que a mulher olhasse dentro dos meus olhos e reparasse o quanto eu era despreocupado.

Eu não sabia se chorava ou se ria.

Para os animais, explicou ele, a vida sempre está acontecendo agora. Nenhum bicho está preocupado com o passado nem muito menos com o futuro.

"Todo homem inteligente devia sentir uma profunda inveja e um profundo respeito diante de um animal sábio como este", disse o homem gordo, ficando de joelhos em cima da toalha e fazendo uma reverência em minha direção.

A velha sem blusa ria, assoando o nariz.

Pelo cheiro, a carne assada devia estar derretendo no forno. Lembro de me sentir desesperado. Lembro de ter me deitado, colocando as duas patas sobre a cabeça.

“Veja que maravilha!”, berrou o velho, entusiasmado.

E descreveu a naturalidade e a graça dos movimentos dos animais. Confessou que já havia passado horas e horas examinando cachorros. O jeito como eles acordavam, sem nenhum compromisso. A segurança e a determinação com que andavam pelas ruas, sem ter para onde ir. O dia passando e eles simplesmente agindo conforme a necessidade do momento. Era, segundo ele, uma arte suprema saber não fazer nada e, ao mesmo tempo, ter um dia cheio de vida e de movimento.

“Os cachorros ‘são’!”, concluiu ele de maneira bombástica. “Os homens vivem tentando ‘ser’ sem conseguir, e sabe por quê? Justamente por causa dessa mania de ficar racionalizando, querendo entender um sistema que não existe, encontrar uma função e um sentido para tudo.”

A mulher retirou os pés da água e calçou sandálias de couro. Vestindo a blusa, disse que, talvez, a comida já estivesse pronta.

"É mesmo!", disse o outro e, apontando para mim, fez uma proposta. Se ela não se incomodasse, gostaria de me convidar para o almoço. Afirmou pomposamente que seria uma grande honra ter à mesa a companhia de uma criatura superior, um legítimo representante dos animais irracionais.

E lá fomos nós.

Os velhos, sempre gentis e alegres, puseram três pratos na mesa, arrumaram um banquinho com uma almofada alta para mim e ainda amarraram um guardanapo em meu pescoço.

Apesar da fome, leitor, consegui não bancar o esganado. Comi com a maior delicadeza possível. Aqueles dois eram pessoas educadas e, numa situação daquelas, eu não poderia me comportar mal.

Além da carne assada e muito bem passada, foram servidos uma omelete recheada com queijo e tomate, arroz, feijão-preto, farofa e uma salada de alface com palmito. Para beber, vinho branco gelado e suco de maracujá. Comi de tudo e ainda aceitei um pouco de suco.

Não posso deixar de fazer uma confissão.

Quase parei de respirar ao ver aquele banquete diante de mim. Depois gani baixinho, leitor, ao sentir entre os dentes os primeiros pedaços de comida. Foi, tenho certeza, a melhor refeição que já comi em toda a minha vida. Melhor que os melhores sonhos. Naquele momento, sinceramente, tanto fazia ser gente ou cachorro. Aquele alimento parecia Deus, de repente, entrando em mim, ocupando calorosamente minha boca, minha língua, enchendo meu peito, meu estômago e minha alma.

Após a sobremesa, pudim de pão, e o cafezinho, fomos para a varanda. Uma brisa morna ia e vinha, afagando meu focinho. A mulher, com um cigarro na boca, esticou as pernas sobre uma mesinha. Seu amigo comentou que, durante a conversa matinal, havia se lembrado de um velho conto popular.

Refestelada no sofá, a mulher quis saber qual era a história. Eu, num indescritível estado de plenitude, sentindo a barriga roncando de prazer, arranjei lugar numa poltrona.

De repente, não sei se de alegria por causa da barriga cheia, senti uma súbita esperança crescendo dentro do peito. Lembro de ter ficado em pé na poltrona, latindo e abanando o rabo. Queria que aqueles dois bons velhinhos olhassem para mim e descobrissem que debaixo daquela pequena e desajeitada montanha de pelos não havia um cachorro. Quem estava ali era eu, o Lúcio, assim transformado por causa de uma burrada, minha e de Conceição.

O velho professor, pensando que eu estava com sede, foi até a cozinha e voltou com uma vasilha cheia de água.

Retornou à cozinha para preparar duas xícaras de chá. Depois, quase deitado no sofá, esticou os pés e começou.

Acho importante, leitor, recontar essa história, pois ela tem tudo a ver com o que acontecerá mais adiante comigo.

19.

Há muitos e muitos anos, num reino longe daqui, vivia um velho ermitão que morava sozinho no alto de uma montanha. O povo dizia que era um grande sábio, conhecedor da filosofia, das letras e das ciências humanas.

A velha de óculos sorriu ajeitando-se no sofá.

A fama de sábio chegou aos ouvidos do rei, que, impressionado, resolveu nomeá-lo seu principal conselheiro. Essa atitude evidentemente gerou mal-estar entre os nobres da corte. Representando os demais, um deles procurou o monarca. Lembrou-lhe de que existiam muitos professores e homens sábios no reino. No mínimo, seria justo que antes de assumir posto tão importante o ermitão comprovasse sua sabedoria. Para tanto, propunha um desafio. Que, numa cerimônia pública, o velho sábio fizesse uma pergunta. Se nenhum ministro ou conselheiro do rei conseguisse respondê-la, aí sim, sua sabedoria estaria provada, ele seria aceito por todos como grande mestre e passaria, legitimamente, a ocupar o cargo de conselheiro principal do reino. Caso contrário, seria dispensado e enviado de volta ao seu refúgio.

Julgando o pedido procedente, o monarca determinou que a assembleia fosse organizada e convocou o velho sábio e as maiores inteligências do reino. No dia marcado, diante da plateia, o sábio ermitão lançou sua pergunta. Levantando-se, dirigiu-se aos ministros e fez um pequeno gesto com as mãos. Depois, voltou a se sentar.

Perplexos diante da pergunta feita apenas com as mãos, ministros e conselheiros do reino acabaram pedindo um prazo de três dias para meditar.

Após inúmeras e infrutíferas reuniões, os ministros foram obrigados a reconhecer que não conseguiam responder àquela inesperada e insólita indagação. Diante da situação, um deles sugeriu, então, que talvez fosse o caso de convocar um homem do povo, uma pessoa simples, alguém que não soubesse nada e não tivesse ideias preconcebidas sobre isso ou aquilo. Talvez só assim, declarou o ministro, por meio da intuição e do puro instinto, a questão do eremita pudesse ser resolvida.

Por falta de uma ideia melhor, a proposta foi aprovada pelo conselho de sábios. O escolhido, um jovem camponês, analfabeto e recém-chegado do interior, trabalhava no mercado vendendo ovos e verduras.

Num primeiro momento, o rapaz não quis aceitar o desafio. Confessou que tinha medo. Confessou que sentia vergonha e tremia só de se imaginar diante da presença magnífica do rei. Os ministros ofereceram muito dinheiro. O rapaz, naquele dia, não havia conseguido vender quase nada, por essa razão acabou aceitando.

Passados os três dias, a nova assembleia foi reunida. A plateia atenta se surpreendeu com a figura daquele jovem humilde, descalço e malvestido, olhando encabulado para o chão.

O monarca declarou aberta a sessão.

O velho ermitão levantou-se, parou na frente do camponês e fez um gesto com um dedo. O rapaz respondeu mostrando dois dedos. O ermitão ficou na ponta dos pés e levantou a mão como se quisesse mostrar algo muito alto. Em resposta, o camponês agachou-se pondo as duas mãos no chão. O silêncio era geral. Então, o sábio pegou uma caixa de madeira, retirou dela uma galinha e jogou a ave sobre o camponês. Como resposta o rapaz tirou uma pedra do bolso e a jogou, acertando a testa do ermitão.

O rei coçava a barba. Os ministros e conselheiros trocavam olhares.

Diante da última resposta, o velho ermitão, exultante e ainda atordoado por causa da pedrada, correu, pegou, abraçou e beijou o rapaz. Depois, declarou ao rei que, realmente, não precisava de seus préstimos, pois tinha o privilégio de contar com um jovem e extraordinário sábio.

A sessão foi encerrada. Os conselheiros e ministros sentiram-se vitoriosos e confusos. O eremita despediu-se de todos e anunciou que voltaria para sua casa na montanha, onde pretendia passar o resto dos dias estudando e meditando.

Inconformado com a situação, o monarca chamou o camponês de lado e revelou, com humildade, sua ignorância. Sinceramente, disse, não tinha conseguido acompanhar aquela conversa. Desejava saber, afinal, sobre que assunto os dois tinham conversado.

O velho gordo contava a história com o corpo esticado no sofá e os olhos fechados. Para minha surpresa, sorriu, olhou de lado e piscou para mim.

Disse que o rapaz explicou ao rei que, na verdade, quando o ermitão mostrou um dedo, estava querendo dizer: "Se você não prestar atenção, eu furo seu olho!", e que ele, com os dois dedos, deu o troco: "Tente fazer isso que eu furo os seus!". Explicou que, quando o velho sábio esticou o corpo elevando a mão, quis dizer: "Acho bom você desistir senão eu penduro e enforco você em uma árvore bem alta!", e que sua resposta, pondo as mãos no chão, significava: "Tente me enforcar que eu enterro você vivo!". Finalmente, quando o ermitão jogou a galinha em cima dele, quis dizer: "Você é um zé-ninguém. Toma de esmola essa galinha velha e vê se dá o fora!". E que, ao atirar a pedra em resposta, quis dizer: "Pega essa pedra e enfia no rabo!".

A velha professora sorriu cruzando os braços atrás da cabeça.

O rei arregalou os olhos. Obviamente, não podia nem queria acreditar que uma conversa entre grandes dois sábios pudesse chegar a níveis tão grosseiros. Dispensou o alegre e humilde camponês e mandou chamar o ermitão.

O velho sábio veio e novamente fez os mais altos elogios ao jovem mercador. Ao ser perguntado, contou que, ao mostrar um dedo, quis dizer que no céu, acima de tudo e de todos, havia uma força superior única e incompreensível. E que a resposta do rapaz, mostrando os dois dedos, significava: "A força está nas alturas, mas o homem é seu representante e sua referência na terra". Explicou que, quando espichou o corpo e colocou a mão no alto, quis dizer que a sabedoria, composta da razão e do conhecimento, ficava num plano mais elevado, e que o sábio rapaz, pondo as mãos no chão, respondeu que, sem a terra, a semente e o corpo, o pensamento não tinha razão de ser. Para concluir, o eremita disse que, ao atirar a galinha no camponês, quis dizer que a vida era mole e quente, e que o rapaz, jogando a pedra, lembrou a ele, com imensa sabedoria, que a morte era dura e fria.

O jovem camponês recebeu seu dinheiro e voltou para casa feliz da vida. O ermitão foi para o alto da montanha meditar sobre a sabedoria da juventude. O velho rei sentou-se no trono maravilhado diante daquela prova da dupla existência da verdade.

Os dois velhotes prepararam mais chá e passaram o resto do dia discutindo aquela história.

Segundo a professora, o fato de algo poder ser, ao mesmo tempo, uma coisa e outra coisa não significava nada a não ser ordem, razão e lógica.

— A física quântica já nos ensinou isso faz tempo — disse ela. — Lembre-se de que está provado que os elétrons podem ser ao mesmo tempo partículas e onda, duas coisas, em princípio, incompatíveis. Isso significa — completou ela — que a contradição e a ambiguidade são algo racional e "perfeitamente" natural.

O velho careca riu balançando a cabeça. Disse que sua amiga estava confundindo germano com gênero humano. Segundo ele, as ciências exatas eram uma coisa e a vida mesmo era outra, completamente diferente. E perguntou:

— Para um homem apaixonado, de que adianta saber que a mulher desejada tem átomos, células e neurônios?

Durante duas semanas, leitor, vivi em companhia daquelas simpáticas figuras. Foi talvez a melhor fase de um triste período de minha vida em que eu, por infelicidade, por causa de Conceição, mas, era preciso reconhecer, principalmente, por culpa de minha total imprudência, estive transformado em cachorro.

Meus anfitriões, pelo que entendi, eram viúvos e professores da Universidade de São Paulo, além de muito amigos. Haviam juntado suas economias e comprado aquele sítio em sociedade. Ali passavam seus dias lendo, escrevendo, estudando, conversando e tomando chá.

Recordo até hoje, com saudade, desse curto mas delicioso período da minha existência. Dos comentários a respeito de livros. Das poesias recitadas de memória ou lidas com paixão. Das conversas sobre episódios históricos e novidades científicas. Das acaloradas discussões sobre política e economia e, principalmente, das histórias contadas quase todos os dias, por qualquer razão, nos momentos mais inesperados, usadas como argumento diante de uma polêmica, para esclarecer um ponto de vista ou apenas para emocionar e distrair.

Preciso comentar particularmente uma delas, relembrada certa noite pela velha. Chamava-se "O asno de ouro" e foi escrita por Apuleio. Segundo a professora, era antiquíssima, escrita cento e poucos anos depois de Cristo.

Fiquei, juro mesmo, completamente enfeitiçado por aquela história. Por incrível que pareça, por uma dessas coincidências inacreditáveis, nela, um jovem, como eu, viajante, como eu, por causa de uma triste imprudência, como a minha, acabava transformado num animal, um asno, vivendo nesse estado as mais inacreditáveis peripécias.

Senti, leitor, uma profunda identificação com aquele personagem. Que semelhança impressionante! Além disso, aquela foi uma das histórias mais alegres, mais tristes, mais sérias, mais loucas e, ao mesmo tempo, mais violentas, delicadas, poéticas, engraçadas, trágicas e interessantes que eu já havia escutado na vida.

Depois de ouvi-la, lembro bem, saí de mansinho, enquanto meus anfitriões abriam uma garrafa de vinho. A noite já tinha caído. Na varanda, com os olhos molhados e o queixo batendo, olhei para a lua e chorei e gani e uivei, botando para fora toda a poesia da minha confusa alma canina.

20.

Apesar daquela vida mansa, a angústia come-çou outra vez a me rondar. Continuar naquela casa escondida entre trepadeiras significava estar condenado a viver para sempre em estado animal. Uma voz, dentro de mim, dizia não e não, mandava-me ir à luta, partir, procurar Silveiras e lá, atrás da cadeia ou onde fosse, descobrir o jeito de voltar a ser eu mesmo.

Assim, certa manhã, imbuído da mais genuína gratidão, fui ao jardim, colhi flores com a boca e ofereci aos meus simpáticos anfitriões que, naquele instante, ainda de pijama, liam jornal na varanda. Lati, rosnei, abanei o rabo e, agradecido, despedi-me lambendo as mãos e as bochechas dos dois com sincero carinho.

Refazendo o caminho que havia tomado para chegar, desci o barranco, andei sobre as pedras do rio, alcancei a estrada de terra e logo estava, de novo, à beira da Dutra. Pelos letreiros dos ônibus que passavam, descobri que São Paulo estava à minha esquerda. O Rio de Janeiro, portanto, era para o outro lado, e Silveiras também. Respirei fundo, tomei coragem e segui pelo acostamento.

Andei a manhã inteira debaixo de sol. A fome e a sede começaram, novamente, a incomodar. Resolvi parar num posto para descansar e ver se conseguia comida.

Havia vários ônibus estacionados por ali. Quase fui pisoteado pelos passageiros, que saíam e entravam nos banheiros, compravam revistas, comiam e faziam fila no caixa.

Na lanchonete, um pessoal sentado em torno de uma mesa chamava a atenção pela alegria e descontração. Eram jovens, pouco mais velhos que eu, e choravam de rir tomando cerveja acompanhada de provolone à milanesa e linguicinhas.

O garçom apareceu trazendo travessas recheadas de bifes e batatas fritas. Resolvi chegar mais perto.

Apesar de falarem alto, era difícil acompanhar sua conversa. Caçoavam da burrice humana. Contavam piadas estranhas. Percebi que estavam bem de vida por causa das roupas finas e porque tinham os bolsos cheios de dinheiro.

O jeito simpático do grupo me inspirou confiança. Peguei o prato vazio de uma mesa ao lado e apareci com o rabo abanando e o prato na boca. Foi um sucesso. Os rapazes me presentearam com generosos pedaços de carne e montanhas de batatas fritas e queijinho provolone.

Lembro de uma sensação dentro de mim, leitor, enquanto mastigava a carne. Talvez minha estadia na casa dos velhos ex-professores fosse um sinal. Talvez significasse uma espécie de divisor de águas. Apesar de ainda estar transformado em cachorro, a vida agora, não sei, parecia estar ficando cada vez melhor.

E minha sorte continuou.

Os rapazes pagaram a conta em dinheiro vivo e um deles, um sujeito pálido, muito baixo, de cabelos crespos e lábios grossos, disse aos outros que estava pensando em me levar. Fez elogios que me encheram o peito. Jurou que nunca tinha visto um cachorro tão inteligente e que eu podia ser muito útil tomando conta do material durante a noite.

Abanei o rabo de alegria. Pelos meus cálculos, estávamos longe de Silveiras. Uma carona àquela altura com certeza seria muito bem-vinda, principalmente porque ouvi que o grupo pretendia pernoitar em Queluz.

Quase fiquei de joelhos e levantei as patas para os céus quando me vi no banco de trás de um furgão novinho em folha.

Descobri que o grupo viajava em dois automóveis. O outro era um caminhão com a caçamba metálica pintada de preto.

Durante a rápida viagem, fiquei tentando acompanhar as gargalhadas e os comentários entusiasmados de meus novos companheiros. Contavam casos e coisas que eu não conseguia entender. Uma velha que foi embora andando de joelhos; um português de chapéu que pagou mais de mil reais; um sujeito que sacou uma faca, mas depois chorou pedindo perdão, e assim por diante.

Em Queluz, os rapazes se hospedaram no Beira-Rio, o hotel mais luxuoso da cidade. Foram para seus quartos recomendando ao porteiro que tomasse conta de mim. Mais tarde, voltaram banhados, elegantes, agora muito compenetrados, usando gravatas, vestindo ternos escuros e carregando sacolas cheias de panfletos.

O baixinho pálido de lábios grossos, com a ajuda dos colegas, instalou um alto-falante no teto do furgão azul. Em seguida começou a circular devagar pela cidade. Os demais, a pé, em volta do furgão, iam distribuindo os folhetos.

Pouco a pouco, leitor, fui percebendo qual era a atividade do grupo com que, sem querer, eu havia acabado de me meter.

Pelo microfone, o rapaz falava em problemas de saúde. Descrevia vícios e drogas. Citava o câncer, a aids, a tuberculose, a sífilis, o infarto, a lepra, o dengue, a varíola, os vermes e a impotência sexual.

Perguntava se havia alguém enfrentando negócios embaraçados ou demandas. Se havia problemas de dinheiro e hipotecas. Anunciava um método infalível para perder peso. Indagava se a vida amorosa andava mal. Se o casamento era infeliz. Se havia casos de adultério e gente querendo a pessoa amada de volta. Se havia queda nos lucros da lavoura e se a plantação não estava prosperando. Prometia previsões meteorológicas. Proteção contra mau-olhado, problemas de desemprego e depressão. Indagava se alguém necessitava fazer uma viagem para longe, prometia ganhos na loteria e convidava aqueles que pretendiam conhecer os mistérios do futuro ou receber notícias de alguém que já havia morrido.

Enquanto a voz metálica gritava pelo microfone, os outros rapazes, com ar solene, distribuíam os panfletos de mão em mão.

Pelo alto-falante, o jovem pálido de lábios grossos convocava a população de Queluz. Afirmava que aquela acolhedora cidade, às margens do Paraíba, seria honrada pela aparição da verdade e da esperança por meio da visita do preto Gonçalo Camundá, um escravo morto no ano de 1846 mas presente até hoje, portador que era da sabedoria e do conforto que emanavam das forças do além.

21.

Enquanto o cinzento da tarde caía e eu seguia o grupo religioso distribuindo volantes, um sentimento duplo batucava dentro de mim. Uma voz sólida e séria me aconselhava a abandonar aquela gente imediatamente e continuar meu caminho em busca de Silveiras, que por sinal, segundo uma placa na Dutra, ficava a quarenta e poucos quilômetros de Queluz. Uma voz suave e cheia de condescendência contra-argumentava reconhecendo a necessidade de chegar a Silveiras, mas afirmando que isso poderia, tranquilamente, ser feito no dia seguinte, logo cedo. A voz me seduzia, leitor. Seria um absurdo, segundo ela, deixar passar um acontecimento como aquele. Só mais algumas poucas horas e eu teria a oportunidade única de assistir à aparição de Gonçalo Camundá, um escravo morto, uma alma do século passado que, pelo menos era o que prometiam meus agora compenetrados companheiros de viagem, apareceria, sem falta, naquela noite.

Minha vontade de conhecer coisas novas e experimentar o desconhecido tomou, mais uma vez, as rédeas da minha vida. Em compensação, fui para um canto retirado e tive uma conversa séria comigo mesmo. Jurei, garanti e dei minha palavra de honra a mim mesmo que aquela seria a última vez. Ficou tudo combinado: no dia seguinte, logo cedo, sem falta, houvesse o que houvesse, custasse o que custasse, eu abandonaria o grupo e recomeçaria, falando sério, minha peregrinação rumo a Silveiras.

Os folhetos terminaram e os caras retornaram ao hotel. A noite veio. A sessão mística estava marcada para as oito horas da noite em uma área cimentada, ao lado do coreto São João, localizado na praça principal da cidade.

O tempo passava e meus companheiros de viagem pareciam cada vez mais tensos. Levaram para o local anunciado o caminhão com a caçamba pintada de preto e fizeram manobras, estacionando-o de lado, no fundo do terreno, quase encostado no muro. Com geradores portáteis, instalaram a iluminação e o sistema de som, distribuindo cadeiras de plástico e uma mesa em volta do veículo. Além disso, entravam e saíam da caçamba fechada carregando e ajeitando coisas lá dentro.

O povo começou a chegar lá pelas sete horas. A organização do bando de terno e gravata era eficiente. Quem queria apenas assistir devia ficar de um lado.

Quem queria consultar o escravo fazia fila diante da mesa, deixando o nome. As pessoas seriam atendidas por ordem de chegada. A sessão terminaria, no mais tardar, à meia-noite. Três caixas de madeira foram colocadas ao lado da mesa de inscrições. Eram destinadas às oferendas. Não havia, entretanto, necessidade de pagar nada. Cada um, de acordo com sua consciência, após a consulta, deixaria ali o que pudesse e achasse justo. Mesmo quem não fizesse consulta, mas sentisse que devia pagar, podia fazê-lo. A oferenda, explicou um dos rapazes, era uma questão de foro íntimo.

Às oito da noite, a área cimentada, o coreto e toda a praça fervihavam, abarrotados de gente. Homens, mulheres, jovens, crianças e velhos, gente de todos os tipos e classes sociais, circulavam em volta do caminhão.

Um dos rapazes, um mulato alto, de óculos, cabelos engomados e penteados para trás, jogou o paletó na cabine do caminhão e pegou o microfone. Era simpático e usava um tom de franqueza e intimidade para falar. Parecia até que já conhecia todo mundo ali e que eram todos da mesma família. Desejou muito boa-noite a todos. Declarou que o momento finalmente havia chegado. Contou que ele e seu grupo haviam recebido a missão de viajar de cidade em cidade pelo país levando a palavra e a bênção do preto Gonçalo Camundá. Segundo ele, Gonçalo vivera no século 19 e fora escravo e propriedade de um certo major Aparício Pires Machado. Mesmo em vida, sempre de acordo com o rapaz de óculos, o escravo Gonçalo já manifestava poderes místicos. Adivinhava o futuro, curava pessoas, dava conselhos e falava com os mortos. Por causa dessas atividades, consideradas subversivas, acabou preso, julgado e condenado à morte. O rapaz de camisa branca e gravata, agora com os olhos marejados e a voz embargada, contou que Gonçalo Camundá fora decapitado no ano de 1846. Dizendo isso, caiu de joelhos e rezou baixinho. Em seguida, revelou que, por um milagre inexplicável, e com certeza guiada por uma força superior, a cabeça do escravo Gonçalo, mesmo decapitada, continuou falando normalmente, conversando, dando conselhos e realizando curas. A pobre cabeça passou a ser perseguida pela polícia e até pelo exército, mas, escondida, de casa em casa, pelo povo, nunca fora encontrada. A partir daí, desde aquele tempo até hoje, ela vivia sendo carregada pelas cidades, salvando, abençoando, redimindo e levando a luz ao coração dos fiéis.

O rapaz se levantou. Anunciou que o momento estava se aproximando. Frisou mais uma vez a não obrigatoriedade das oferendas e fez um pedido. Que todos fechassem os olhos. Que todos relaxassem, esquecessem os problemas do dia a dia e tentassem tomar consciência do próprio corpo e da respiração. Pediu que a plateia enchesse bem o peito, o máximo que desse, prendesse a respiração e soltasse o ar devagar. Recomendou também que as pessoas procurassem escutar as batidas do próprio coração. O rapaz falava com voz de veludo. Pediu concentração e pensamentos positivos. Aconselhou que cada um procurasse lembrar dos momentos mais importantes e inesquecíveis de sua vida. Um sininho tocou. O silêncio tomou conta de Queluz. Eu mesmo, leitor, confesso, fiquei emocionado. É que um rapaz apareceu em minha mente. Um rapaz prestando vestibular. Um rapaz alegre, de capacete vermelho, viajando de moto pelas estradas e depois engalfinhado na cama com Conceição. Com os olhos fechados, evitei pensar na noite da metamorfose e nos riscos que corri nas garras de Renatão. Preferi rememorar os dias agradáveis passados na casa dos professores aposentados da Universidade de São Paulo. O sino tocou de novo.

O rapaz de óculos se ajoelhou. Abrindo os braços, pediu que todos se dessem as mãos. Perguntou se alguém na plateia sentia vontade de dizer alguma coisa. Uma senhora se adiantou. Estava comovida. Falou em união, em amor ao próximo, em coragem, solidariedade, força, fé e esperança.

Em seguida, enquanto o sininho tocava, dois rapazes abriram a porta lateral do caminhão e descerraram a cortina lentamente.

Não vou conseguir apagar aquela imagem do meu cérebro nunca mais. No interior do caminhão, forrado por um tecido vermelho, havia uma espécie de altar iluminado por quatro velas acesas. A cabeça de um negro estava lá, solene, pousada sobre o altar. Foi impressionante. Eu vi isso, leitor. Os olhos do negro, inclusive, piscaram. A visão, entretanto, foi muito rápida, pois a cortina logo se fechou. Mesmo assim, como eu estava bem na frente, pude ver com segurança. O altar era uma mesa de armação grossa, com um vão livre e aberto embaixo. Não havia a menor possibilidade de alguém ficar escondido com a cabeça de fora, pois seu corpo seria visto por todos. Senti o anzol da curiosidade fisgando minha alma. O primeiro candidato à consulta, uma mulher, entrou na caçamba. As cortinas foram hermeticamente fechadas.

Inconformado, lamentei o fato de estar transformado num cachorro. Todos ali, pobres, ricos, brancos, negros e amarelos, felizes e infelizes, podiam, democraticamente, entrar na fila e obter assim o privilégio de encontrar e consultar uma cabeça arrancada no século 19, conservada milagrosamente até hoje e que, ainda por cima, falava! Todos, menos eu.

Senti raiva de Conceição e ódio de mim mesmo e de minha imprudência desnecessária e imatura que agora, por exemplo, e mais uma vez, me prejudicava e punia de maneira tão inclemente.

22.

As pessoas entravam e saíam da caçamba. Mulheres com olhos cheios de lágrimas e o rosto iluminado. Homens com ar inseguro, de cabeça baixa, retornando mais confiantes. A maioria, antes de ir embora, ajoelhava-se diante do caminhãozinho preto, fazia uma oração e, invariavelmente, depositava dinheiro numa das caixas de oferendas.

Eu não conseguia me conformar. Tão perto e tão longe de um espetáculo único como aquele! Tentei, disfarçadamente, entrar na caçamba, mas fui barrado a pontapés por um dos rapazes que tomavam conta da porta lateral.

Resolvi apelar para minha inteligência humana. Esperei um momento em que todos estavam distraídos, agachei-me e, entrando por baixo do caminhão, fui me arrastando até o outro lado, quase rente ao muro. Estudei a situação. O vão entre o veículo e o muro era estreito, mas suficiente para deixar meu corpo passar. Por sorte, a porta do motorista estava só encostada. Com algum esforço e alguma graxa no lombo, consegui abri-la e subir na cabine.

Meti-me debaixo do paletó do rapaz de óculos, evitando que alguém me visse do lado de fora e, por uma fresta atrás do assento, pude, finalmente, assistir ao que se passava no interior da caçamba.

Do meu ponto de vista, dava para ver a cabeça do escravo Gonçalo Camundá de perfil. No momento, com os olhos fechados, escutava uma mulher. Lembro até hoje daquela moça magra, de olhos saltados. Falava baixo e devagar, olhando fixamente para a cabeça. Contou que era traficante. Seu serviço era trazer cocaína do Paraguai. Estava desesperada. Semana passada, haviam matado seu namorado. Segundo ela, o "homem" já tinha avisado mil vezes. Tudo porque o Bira não estava repassando o dinheiro da mercadoria. A moça contou que o Bira bobeou. Que "eles" chegaram à noite e encheram o Bira de tiro. Disse que estava com medo. A mulher falava sem piscar os olhos. Contou que era difícil viver sem o companheiro. Que estava machucada. Da última vez, eles haviam tirado a mercadoria de dentro dela de qualquer jeito. Disse que "eles" eram uns cavalos e que semana que vem ia começar tudo de novo. Precisava voltar ao Paraguai. O "homem" queria.

A cabeça do negro Gonçalo, de olhos fechados, às vezes se mexia sobre o altar.

A mulher disse que não sabia viver sem o Bira. Explicou que recebia o pó de graça. O "homem" dava quanto ela quisesse. Era a paga por ir buscar a mercadoria. Disse que, de vez em quando, pensava em largar aquilo, mas não dava. Sorriu com os olhos parados. Ela sabia demais. Se o "homem" desconfiasse que ela planejava largar a "farinha" e o serviço, mandava acabar com ela na hora.

A moça encarou a cabeça. Estava desanimada. Queria saber o que fazer.

Enrolado no paletó, eu tentava absorver a cena em seus detalhes mais mínimos.

A cabeça se mexeu. Pelo movimento das pestanas, percebi que o escravo abriu os olhos. Estremeci ao ouvir sua voz. Era grossa e quase inaudível:

"O escravo", disse a cabeça, "luta para semear a terra dura e seca, mas um dia a semente germinará e, então, o escravo colherá os frutos que plantou." Dizendo isso, fechou os olhos. A moça baixou a cabeça pensativa, agradeceu e saiu. Imediatamente, a cabeça do escravo Gonçalo inclinou-se para a direita, suspirando.

Não tive tempo de pensar nada. Outra pessoa já vinha entrando na caçamba. A cabeça voltou à posição ereta.

Era uma mulher já de certa idade, mas bastante atraente. Parecia desnorteada. Examinou a cabeça do escravo Gonçalo com um misto de curiosidade e desespero. Do meu canto, eu assistia a tudo. Seis anos antes, a mulher havia se casado com um homem mais velho. Ele era viúvo e tinha um filho do primeiro casamento, na época um menino de quinze anos. Disse que o casal foi feliz por algum tempo, até um filho tiveram, mas, depois, o fogo da paixão apagou, a vida parece que perdeu a graça, ficou monótona, e o amor entre eles deixou de existir.

A mulher examinou a cabeça depositada em cima da mesa.

Disse que seu enteado cresceu, que ela sabia que era errado e nem conseguia explicar direito, mas o fato é que acabou se apaixonando por ele. No começo, sentiu vergonha de si mesma. Confessou que muitas vezes chegou a pensar em dar cabo da vida e sepultar de vez aquele amor proibido. Disse que caiu de cama, doente, que não conseguia comer, nem viver, nem tirar o rapaz da cabeça, e que um dia, enlouquecida, chamou o enteado e abriu seu coração.

23.

Lembro da cabeça do negro parada sobre o al-tar. Entalado no paletó e quase sem respirar, eu não queria perder uma palavra sequer.

A mulher levou as mãos ao rosto. Contou que o rapaz ficou chocado. Para ele, ela era uma mãe. Para ele, o melhor era ela esquecer aquele sentimento louco. Pediu, por favor, que ela nunca mais tocasse no assunto. A mulher implorou perdão, jurou arrependimento, fingiu aceitar aquelas palavras, mas, por dentro, continuou sonhando com o rapaz, tanto que um dia resolveu chamá-lo de novo. Não aguentava mais. Disse que estava apaixonada. Disse que precisava viver, mesmo que fosse por uma única vez, aquele amor impossível. Prometeu e jurou que seria um segredo entre os dois. Ninguém jamais saberia. "O que ninguém viu, nunca aconteceu", disse ela, pedindo pelo amor de Deus. Revelou ao jovem que, por causa daquele desejo errado, às vezes até sentia vontade de morrer. O rapaz disse não e não. Gostava dela, mas como mãe, como amiga e esposa de seu pai. Ficou emocionado. Pediu a ela que destruísse aquele maldito desejo. O tempo passou. A mulher urdiu um plano. Conseguiu fazer o marido viajar para longe. Certa noite, tomou banho, passou perfume, vestiu roupa transparente e mandou chamar o enteado. De novo pediu. De novo implorou. Argumentou que era pecado desprezar aquele amor tão imenso. Lembrou que seria só por uma única vez. O rapaz perdeu a cabeça. Gritou. Disse que não podia, nem queria. Desesperado, ameaçou contar ao pai o que estava ocorrendo.

A cabeça do escravo suava, com os olhos fechados.

Segundo a mulher, após aquela noite, seu amor pelo enteado foi, pouco a pouco, transformando-se em mágoa. Como alguém podia rejeitar um amor tão intenso e verdadeiro? Como podia uma pessoa desprezar a outra dessa forma? Será que ele não percebia que uma recusa assim era a pior agressão que um ser humano podia cometer? Não era justo! Um homem de verdade, disse ela, revoltada, olhando o escravo, um homem pra valer, não podia agir assim com uma mulher. E soluçou. Disse que o ódio começou a germinar dentro dela. Que continuou a ter sonhos, mas que agora eram delírios de rancor, despeito e vingança. E a mulher foi falando. Contou que comprou veneno de rato e colocou num suco de laranja com mamão, a bebida predileta do enteado, mas que seu filhinho de seis anos, chegando cansado da escola, foi direto à geladeira e tomou o suco de uma vez só.

A mulher agora ria, chorava e gritava dentro da caçamba. Isso havia acontecido naquela tarde. Desafiou o escravo Gonçalo a dizer o que ela devia fazer.

A voz, outra vez, veio baixa e incisiva:

"O escravo", sussurrou ela, "luta para semear a terra dura e seca, mas um dia a semente germinará e, então, o escravo colherá os frutos que plantou."

Sem dizer nada, a mulher virou as costas, abriu a cortina e foi embora. Fiquei bastante desconfiado, leitor, diante daquela resposta, a mesma dada pela segunda vez. E mais ainda quando, logo após a saída da mulher, vi e ouvi a cabeça do escravo Gonçalo Camundá inclinar-se de lado e resmungar baixinho:

"Puta calor!"

Aquela voz!

Quase lati, espantado entre as dobras do paletó de lã. Não era mais a voz de baixo profundo do escravo decapitado há mais de cem anos, mas a do baixinho pálido de lábios grossos, o que falava pelo microfone, o que teve a ideia de me levar para tomar conta do material.

Fixei o perfil do escravo. Custei a acreditar, leitor! Era ele! Claro! O carinha de cabelo curto e enrolado. Aquilo era uma farsa. E num segundo tudo ficou claro.

O sujeito estava maquiado e pintado para parecer negro. O vão debaixo da mesa também dava para explicar. Na verdade, o corpo do baixinho estava inclinado dentro do móvel. Para bancar a cabeça do escravo Gonçalo e ouvir a consulta das pessoas, ele precisava virar o pescoço para a esquerda, e assim parecia estar ereto e depositado em cima da mesa. Os mágicos usam esse tipo de truque. Por isso, entre uma consulta e outra, a cabeça do escravo pendia invariavelmente para a direita. Aquela, na verdade, era sua posição normal em relação ao corpo.

Enquanto a raiva e a indignação espocavam dentro de mim, a cortina correu mais uma vez e uma moça, quase uma menina, entrou na caçamba.

Sua voz era meiga e feminina. Disse que tinha vinte anos e era filha única. Disse que adorava seus pais e com certeza era adorada também. Contou que desde pequena sempre fora mimada, que tinha muitos amigos e todos gostavam dela. Diziam que tinha bom coração. Diziam que era inteligente. Diziam que era uma princesa, e era mesmo, leitor. A menina contou que cresceu num mundo de contos de fadas. Contou que não comia carne por sentir pena dos animais. Contou que todo ano juntava maços vazios de cigarros para ajudar na campanha da cadeira de rodas. Disse que dois anos antes tinha conhecido um homem. Na época ele tinha quase cinquenta anos e ela, dezoito.

Contou que o homem era impetuoso e experiente. Aquilo a deixou fascinada. Até então, só havia namorado meninos da sua idade. Até então, ela era aquela menininha de bom coração que fazia tudo para agradar os pais. Com ele, disse ela, foi outra coisa. O sujeito era divorciado. Vendia e comprava imóveis. Possuía dois automóveis e um apartamento no Guarujá. A moça contou que os dois se conheceram numa festa. Que ele chegou, segurou-a pelos ombros e disse que era impossível ficar calado, que ela era atraente e que ele queria passar a noite com ela. A moça disse que ficou assustada. Que ficou orgulhosa. Que começou a sair com o sujeito. Que, uma vez, os dois foram escondidos passar o fim de semana na praia. Para os pais ela estava na casa de uma colega de escola. Disse que se sentiu mulher pela primeira vez na vida. Sentiu-se livre. O tempo passou. O homem precisou fazer exame de sangue. Descobriu que estava doente. Era aids. A menina disse que o sujeito ficou desesperado. Achava que havia sido contaminado por uma ex-namorada. Disse que não sabia o que fazer, que não tinha coragem de contar para a família nem para os amigos, que estava sozinho, que estava desequilibrado, que ela era sua única esperança. A moça esclareceu que também fez exame, mas, por sorte, o resultado deu negativo. Contou que, apesar de estarem namorando fazia só dois meses, sentiu pena do homem. Disse que ficou confusa. Gostava dele. Disse que seria maldade, que sentiria culpa de desmanchar o namoro numa situação daquelas, justo ela, que sempre havia sido tão boa. Por outro lado, reconhecia que, realmente, os dois estavam namorando havia muito pouco tempo. No fim, desistiu de pensar e decidiu se casar. Os pais da moça, mesmo sem saber da doença do noivo, foram contra. Achavam aquilo precipitado. Disseram que ela ainda era uma menina e que tinha uma vida inteira pela frente. Para que o casamento? Para que a pressa? Que loucura casar assim de repente, ainda mais com um homem tão mais velho! A menina quis porque quis e o casamento se realizou.

A moça pediu licença e acendeu um cigarro.

Disse que nunca contou nada aos pais. Disse que, certa noite, ela e o marido foram a uma festa e beberam mais do que deviam. Na volta, transaram sem preservativo e ela acabou contaminada. A moça tirou o lenço da bolsa e enxugou os olhos. Percebeu com o passar do tempo que, na verdade, não amava o marido. Ele era diferente dela. Gostava de outros assuntos. Tinha outra educação. Às vezes usava palavras que a deixavam chocada. Disse que caiu em si. Na verdade, havia se casado com um desconhecido. Ela mesma, pensando bem, mal se conhecia. Contou que a vida foi ficando insuportável, todo dia uma espécie de peça de teatro. Ele não era ruim. Apenas era diferente. Um dia a moça tomou coragem e se abriu com o marido. Estava insatisfeita. Aquela vida não fazia sentido. Ele confessou que sentia a mesma coisa. O casal acabou se separando e agora ela estava assim. Achava que não podia contar a verdade a seus pais. Era filha única, o tesouro da vida deles. Se soubessem da doença, eram capazes de morrer de desgosto. A moça sorriu, delicada. Não sentia raiva do ex-marido. Tudo não passava de um lamentável acidente. Garantiu que um dia ficaria boa, afinal, já existiam remédios que ajudavam a conviver bem com a doença. A cura era uma questão de tempo. Pediu desculpas. Aquele dia, sei lá, estava muito só, por isso tinha ido até ali. Queria ouvir uma palavra do escravo Gonçalo.

Lá veio a voz, outra vez:

"O escravo", disse a cabeça, "luta para semear a terra dura e seca..."

Não suportei a situação, leitor. Senti nojo. Senti vergonha. Queria vomitar em cima daquele maldito paletó, na boca daquele maldito escravo, naqueles desgraçados de terno e gravata. Não consegui ouvir mais nada. Saí da cabine e me arrastei por baixo do caminhão.

Misturado à multidão, ainda tive de tempo de ver a moça descer da caçamba. Era bonita. Parecia tão frágil!

Minha vontade era invadir a caçamba, morder a cabeça do sujeito e desmascarar aquela farsa odiosa.

Não fiz nada disso.

Podem me chamar de covarde. Tive medo, sim, mas também senti que não ia adiantar nada. Mesmo que eu mastigasse e engolisse a cabeça daquele bandido, isso não livraria a traficante do seu mundo de horror, nem traria de volta o filho da mulher que amava o enteado, nem devolveria a saúde àquela princesa tão doce.

24.

Ainda lembro de mim, pelas ruas desertas de Queluz, perambulando entre mil pensamentos.

As cenas fervilhavam em minha cabeça. Meu caso com Conceição. A peça pregada pelos amigos de dona Ivete. Minha metamorfose. Eu no meio dos sequestradores. Seu Miguel e a cachorrada do Sítio Santa Rita. Aquela besta humana do Renatão. A boa vida na casa dos professores aposentados e, agora, para completar, aquele bando de sacanas ganhando dinheiro às custas da ignorância e do sofrimento do povo.

De repente, leitor, senti que a vida era uma espécie de armadilha e que cada pessoa tinha a sua. Viver, filosofava eu — aquele moleque-cachorro caminhando sem rumo por Queluz —, talvez significasse primeiro entender isso, depois encontrar um meio de desfazer a armadilha e, terceiro, aí sim, estar livre para conhecer a gente mesmo, as outras pessoas, o mundo e, quem sabe, partir para ser feliz.

Quem me visse correndo pelas calçadas enxergaria um simples vira-lata apressado em busca de comida. Dentro de mim, entretanto, a paisagem era outra. Um mar de dúvidas, banhando um monte de sentimentos, cortado por quinhentas estradas, saindo em mil direções.

Seguindo as placas, descobri uma estradinha secundária que, sem passar pela Dutra, ia de Queluz até Areias. E Areias, eu sabia, ficava perto de Silveiras.

Apesar de transformado num animal, de ter presenciado tanta dor e sofrimento, de ter sido testemunha de tanta má-fé sem poder fazer nada, eu me sentia, confesso, estranhamente bem.

Naquela noite, entendi que era fraco, abri mão, desisti de lutar, aceitei as coisas a minha volta como elas realmente eram e não como eu desejava que fossem.

Naquele momento, por exemplo, estava transformado em cachorro. Não era o que eu queria, nem o que eu sonhava para mim, mas era a realidade. Além do quê, podia ser pior. E se eu tivesse levado um tiro na casa do meu tio? E se o Renatão tivesse conseguido me castrar? E se em vez de cachorro tivessem me transformado num rolo de papel higiênico e agora estivesse na prateleira de um supermercado aguardando meu fim?

Sim, leitor, uma coisa importante aconteceu dentro de mim. Decidi, sem perceber que estava decidindo, que não queria nem ia mais ficar sofrendo à toa. Mesmo transformado em animal, resolvi aceitar a situação e viver a vida da melhor maneira possível. Ao mesmo tempo, claro, continuaria tentando voltar a ser gente. Uma coisa não impedia a outra.

Correndo no asfalto deserto, tive, pela primeira vez, acho, a coragem de imaginar que talvez nunca mais voltasse a ser gente. Era uma hipótese. E se Conceição estivesse enganada? E se não houvesse nada atrás da cadeia de Silveiras? E se meu destino, se é que isso existe, fosse mesmo ser cachorro pelo resto da vida?

Consegui ter força para encarar essa possibilidade sem ficar perturbado. Se isso acontecesse, tentaria, por exemplo, voltar a viver com os professores aposentados e pronto. Lá, pelo menos, comia-se bem e ouviam-se ótimas histórias. E se, por acaso, não conseguisse voltar para lá, tentaria outra coisa.

No exato instante em que decidi que mesmo que o pior acontecesse, mesmo que eu nunca mais conseguisse escapar do meu inesperado estado canino, isso não seria nenhum fim do mundo — até porque não me impediria, por exemplo, de aprender a arte de ser cachorro e ainda dar um jeito de ser feliz —, uma paz libertadora desfraldou sua bandeira branca dentro de mim.

Lembro da estrada vazia. Lembro da noite fria de breu. Lembro de sentir saudade. Da figura de meu pai, de manhã, na sala, lendo jornal. De minha mãe voltando do supermercado carregada de sacolas e pedindo ajuda para guardar as compras no armário da cozinha. Os dois deviam estar preocupados, mas eu, naquele momento, não podia fazer nada.

Lembro de seguir pelo acostamento, de sentir o orvalho molhando minhas costas, de ver a madrugada nascer, de enxergar uma luzinha lá longe e de chegar a um posto Atlantic, bem na entrada de Areias.

Um frentista cochilava, sentado num banquinho ao lado da bomba. O outro varria o chão.

Uma caminhonete vermelha com o escapamento aberto apareceu roncando. O motorista, um sujeito loiro, com cara de sono e barba por fazer, desceu e abriu a parte de trás. O funcionário que estava dormindo chegou empurrando uma moto amassada. Olhei a placa. Era a minha motocicleta! O cara loiro puxou uma tábua da traseira da caminhonete até o chão. Com a ajuda dos frentistas, colocou a moto na caçamba. Em seguida, os três entraram no escritório do posto para tomar café.

Tive um pressentimento. Senti que a caminhonete ia continuar a viagem pelo mesmo caminho que eu. Senti que a caminhonete estava indo para Silveiras e, pelos meus cálculos, de Areias a Silveiras eram só vinte quilômetros. Não pensei duas vezes. Subi pela tábua e me escondi no fundo da caçamba, debaixo de uma lona. Fiquei examinando minha moto. Estava suja, sem os espelhinhos retrovisores, com o tanque e o guidom amassados.

O motorista loiro voltou, bocejando ruidosamente, fechou a caçamba, cuspiu no chão, entrou na caminhonete e deu partida.

Infelizmente, a caminhonete voltou em direção a Queluz.

Dessa vez, leitor, juro, não senti nada. Tinha tido um pressentimento. O pressentimento não deu certo. Normal. Qual o problema?

Como era impossível saltar da caminhonete em movimento, relaxei e deixei a vida me levar. Não estava em condições de nada. Ficar me preocupando naquela situação seria apenas jogar energia fora. Evitei olhar para minha moto. Evitei pensar. Só me restava deixar os fatos acontecerem.

A caminhonete passou por Queluz, atravessou a ponte sobre o Paraíba, entrou à direita, cruzou o viaduto e pegou a Dutra, rumo a São Paulo. Meia hora depois, já com a luz do dia, estávamos de novo em Lorena.

O cara loiro estacionou em frente a sua oficina, acho. Pelo menos era o que dizia uma placa pintada à mão: "Mecânica Alemão — Conserta-se moto". O sujeito levantou a porta basculante da loja e sumiu. Consegui saltar da caminhonete sem me machucar.

Senti, lembro, uma euforia ameaçando crescer dentro de mim, mas não permiti. Estava em Lorena! Estava perto de Conceição. Estava prestes a receber ajuda. Andei calmamente em direção à casa de meu tio. Cruzei a linha do trem. Era cedo. A casa estava fechada. Entrei, empurrando o portão lateral com o focinho, e fui até os fundos. Parei diante do quarto de Conceição, perto da lavanderia. Pela janela fechada, dava para ouvir a respiração de uma pessoa dormindo. Lati baixinho. A cama rangeu. Arranhei a porta. Acenderam a luz. Uma mulher de camisola apareceu com uma vassoura na mão e correu furiosa atrás de mim. Na rua, ainda pegou um pedaço de tijolo e quase acertou minha cabeça. Depois, passou a tranca no portãozinho e desapareceu resmungando.

Os piores pensamentos cresceram, tentando destruir minhas forças. Pelo jeito, Conceição havia ido embora. Conceição, pelo jeito, não trabalhava mais na casa de meu tio. Agora sim, leitor, eu estava sozinho, sem nada nem ninguém para me ajudar.

Dois homens vinham descendo a rua, conversando animadamente. Passando por mim, um deles tocou em minha cabeça.

Como estava sem rumo, resolvi ir atrás deles.

25.

Proprietários da Confeitaria Oásis, Ari e Osvaldo eram figuras conhecidas em Lorena. Ari, um quituteiro de mão-cheia, especializara-se em doces, bombas de chocolate, sonhos, tortas, bolos e sorvetes. Osvaldo sabia preparar os melhores sanduíches e salgadinhos da cidade, além de ser mestre na arte de fazer pão de queijo.

Passei a morar com eles meio sem querer. Lembro de entrar na loja e de alguém colocando um pratinho de papelão azul cheio de croquetes e uma tigela com água na minha frente. Simplesmente fui ficando.

Os dois sócios moravam nos fundos da loja e eram muito amigos. Aliás, leitor, não lembro de ter conhecido antes pessoas assim tão amigas e tão íntimas. Moravam juntos, trabalhavam juntos, almoçavam e jantavam juntos, assistiam à televisão juntos e até dormiam no mesmo quarto. Lembro de me esparramar no chão, perto da porta da confeitaria, e ficar tomando sol, enquanto os dois preparavam seus quitutes. De vez em quando, um deles atirava alguma coisa para eu comer. Lembro que os dois falavam pelos cotovelos e todos os dias, religiosamente, antes de começar o serviço, consultavam o horóscopo e analisavam, com bastante cuidado e conhecimento de causa, os vários aspectos das conjunções astrológicas. Além disso, adoravam música, tanto que na Confeitaria Oásis o rádio vivia ligado em cima da geladeira. Lembro dos dois cantando junto com os cantores do rádio, fazendo duetos vocais em interpretações emocionadas.

À noite, após o expediente, baixavam as portas, varriam e limpavam a loja meticulosamente, passavam horas tomando banho, assistiam à novela e, mais tarde, saíam para encontrar os amigos num bar, na praça, duas ruas adiante. Voltavam, em geral, de madrugada.

O nome Oásis, leitor, pelo menos para mim, havia sido escolhido a dedo. Passei momentos deliciosos naquele doce lugar, vivendo um período de tranquilidade e segurança. Confesso que nunca comi tanto nem tão bem em toda a minha vida.

Preciso explicar isso melhor. Como meus anfitriões saíam, invariavelmente, todas as noites, vendo--me sozinho em casa, passei a adotar um saboroso ritual. Bastava os dois virarem as costas para eu empurrar um banquinho até o armário ou a geladeira, subir, abrir portas e gavetas, e atacar os doces e salgadinhos cuidadosamente estocados ali.

Cheguei a inventar uma técnica para abrir os refrigerantes. Deitava a garrafa no chão, encostada na parede, prendia bem com as duas patas e, com o abridor na boca, terminava o serviço. Depois de me fartar de tanta comida e bebida, limpava o chão, lambia as migalhas, fechava tudo, punha a garrafa no lixo, empurrava o banquinho de volta para a mesma posição e via um pouco de televisão até o sono chegar.

Todas as noites, Ari e Osvaldo saíam e, todas as noites, meu programa era esse. Não é preciso dizer, leitor, que comecei a engordar, mas o que veio depois, e me causou tão graves transtornos, ocorreu por outros motivos.

Como disse, fui me habituando àqueles banquetes noturnos. Comida vicia. O corpo da gente acostuma, vira um poço sem fundo, sempre querendo mais, mais e mais. No início, eu, cheio de cerimônia, jantava, digamos, meia dúzia de salgadinhos, dois ou três brigadeiros, tomava um refrigerante e ficava mais do que satisfeito. Após um mês, leitor, já estava comendo o triplo.

Reconheço que o fato de ter sido transformado em cachorro talvez tenha contribuído para aumentar meu apetite. Muitas vezes, durante o dia, acabava pensando em minha complicada situação, lembrava que era gente, imaginava o sofrimento de meus pais e ficava arquitetando maneiras de chegar a Silveiras.

Sentia-me culpado por estar na Confeitaria Oásis, parado, acomodado, fazendo planos, mas, na verdade, sem mover uma palha para mudar de vida. Isso me deprimia e eu acabava descontando na comida. Dei para comer demais, e aí entra uma parte que não vi, leitor, mas, tenho absoluta certeza, aconteceu.

Ari e Osvaldo, num dado momento, provavelmente, começaram a sentir falta de doces e salgadinhos. Na certa, primeiro desconfiaram um do outro. Com certeza, brigaram e se acusaram mutuamente. Afinal, trabalhavam sozinhos. Quem, a não ser um deles, podia estar assaltando os estoques e enchendo a confeitaria de prejuízos? Suponho que um dia, após muitas discussões e trocas de insultos, de repente, sem querer, voltaram os olhos para mim, refestelado sob o sol e, surpresos, constataram minha impressionante saúde e obesidade. A partir daí, só pode ser isso, os dois fizeram o que fizeram.

Como em todos os outros dias, fecharam a loja, terminaram a faxina, tomaram banho, assistiram à novela e saíram, mas voltaram na ponta dos pés, esgueiraram-se sorrateiros pela porta dos fundos e ficaram escondidos, espiando pelo buraco da fechadura.

Eu, totalmente desprevenido, agi como costumava agir. Lembro de ter posto um guardanapo no chão. Lembro de ter me servido, naquela noite, com um bom punhado de salgadinhos de massa folhada, croquetes de carne e de camarão, coxinhas e empadinhas de queijo. Peguei uma cassata na geladeira, coloquei num prato de sopa e ainda abri três guaranás. Plenamente satisfeito, limpei tudo, pus o banquinho de volta em seu lugar e, calmamente, fui assistir a um filme na televisão.

Foi inesquecível. Eu lá, de barrigão estufado, deitado no sofá e, de repente, de surpresa, entram os dois confeiteiros. Assustei-me inutilmente. Os dois amigos ficaram maravilhados com meus assaltos ao estoque de comida e com minhas maneiras educadas de comer.

Só sei, leitor, que, a partir daquela data, passei a ser o ator de verdadeiros espetáculos gastronômicos. Ari e Osvaldo preparavam requintados banquetes, guardavam no armário, chamavam os amigos e, então, pediam que eu me servisse da comida. Eu ia. Cheguei a beber vinho e uísque e a preparar uma caipirinha de vodca para alegria e divertimento do pessoal. Depois, sempre a pedido dos dois confeiteiros, eu ligava a televisão e assistia, sentado no sofá.

As pessoas deliravam e aplaudiam, sem poder acreditar. Vez por outra, alguém mudava de canal só para ver minha reação. Era um teatro. Fingindo estar contrariado, eu descia do sofá rosnando com os dentes arreganhados, pegava o controle remoto com a boca e sintonizava de novo no meu canal preferido.

Por essa época, modéstia à parte, cheguei a ser até um pouco famoso em Lorena. Vinha gente de longe procurar a Confeitaria Oásis, única e exclusivamente para assistir a minha apresentação. Tanto exibicionismo acabou me custando caro.

Certa noite, no final de um desses agradáveis espetáculos alimentícios, um sujeito puxou a carteira, abriu o talão de cheques e ofereceu tanto dinheiro que meus amigos quituteiros, com lágrimas nos olhos, é verdade, acabaram concordando em se desfazer de mim.

E assim, contra a minha vontade, sem ter tempo de, ao menos, me despedir ou arquitetar uma retirada estratégica, fui colocado num automóvel e levado embora. Meu comprador, um sessentão com físico de halterofilista e cabelos brancos tingidos de ruivo, era dono de um circo.

Naquela mesma noite, escutei o sujeito conversando com a esposa. Parecia eufórico. Explicou minhas inúmeras habilidades. Descreveu meu jeito de pegar a comida, abrir a garrafa, comer, fazer a limpeza e fingir que estava assistindo à televisão. Garantiu que, em tantos anos de circo, nunca tinha visto animal tão inteligente e bem treinado, e que eu era, ele tinha certeza, superdotado. Disse mais. Tinha um plano. Lembro de cada palavra saída da boca do halterofilista.

Pouco a pouco, leitor, entendi por que ele havia me comprado, compreendi o alcance de seu projeto e, falando sério, só não tive um infarto porque era jovem e ainda tinha muitos anos pela frente.

26.

O sujeito de cabelo pintado era proprietário de uma fêmea de pastor alemão, puro-sangue. Segundo ele, eu era inteligente e ela também. Se houvesse um cruzamento entre a gente, a ninhada provavelmente nasceria mais inteligente ainda. O sonho do halterofilista era grandioso. Pretendia fazer uma criação, ensaiar e montar números circenses, executados somente por cachorros. Quase todo mundo tem e gosta de cachorro, achava ele. Com animais superdotados assim, o espetáculo seria sucesso absoluto e ele, claro, ganharia rios de dinheiro.

Lembro do entusiasmo do sujeito, fechando e abrindo os braços musculosos. Lembro da mulher dele, uma loirinha bonita, pouco mais velha que eu, pousando seus olhos abismados e verdes em cima de mim.

Apesar de minha solene decisão de nunca mais gastar energia com o passado ou com o futuro, fracassei outra vez.

Senti vontade de morder Conceição. Senti, lembro, principalmente, vontade de torcer meu próprio pescoço, de arrancar meu rabo e de bater meu focinho na parede até rachar.

Meus pensamentos pareciam um emaranhado cheio de nós. Tinha virado cachorro. Tudo bem. Tinha me metido no meio de bandidos. Tudo bem. Quase havia sido castrado. Tudo bem. Fora obrigado a conviver com a mais cruel e dolorosa das solidões. A solidão de não conseguir me expressar. A solidão de estar perto e longe das pessoas, de me sentir ilhado, sem poder sequer dizer que eu era eu e estava ali. Até aí, tudo bem.

A ideia de cruzar com uma cadela, entretanto, ultrapassava todos os limites. Era contra minha natureza. Era contra o que eu era. Além disso, leitor, minha experiência sexual, falando francamente, era pouca. Conceição, com seu jeito fogoso, havia sido minha grande professora e única introdutora no assunto, e o assunto, dentro de mim, era cheio de dúvidas e meandros. Por exemplo: era certo sentir atração por uma pessoa e fazer sexo com ela só por causa disso?

Lembro de ter chegado à casa de meu tio, olhado para Conceição e ter sentido atração na hora. Ela era bonita, atraente, com uma energia gostosa e alegre. Percebi, em seus olhos baixos, em seu jeito de rir quando não havia graça nenhuma, que ela também havia ficado animada com minha presença.

Por outro lado, na casa de meu tio, eu era o patrão. Eu era o filhinho de papai que morava na cidade grande. Conceição trabalhava lá como empregada doméstica. Enquanto eu estudava e era, praticamente, um universitário, ela, acho, só tinha o Ensino Fundamental. Seria certo a gente transar? Considerando que a gente era jovem e estava a fim, talvez sim. Mas e considerando, por exemplo, nossas inúmeras diferenças?

Lembro das perguntas batucando em meu cérebro. É certo transar por transar, ou para fazer sexo a gente precisa sentir amor? O que é amor?, perguntava eu, aquele moleque-cachorro, deitado numa caixa de sabão em pó ao lado da pia da cozinha. Atração é amor? Amor é mais do que atração? É gostar como amigo? E sentir paixão? Paixão e atração são a mesma coisa? O que a gente faz quando sente atração e não sente amor? E quando sente amor sem sentir atração?

Eu tinha dezoito anos, leitor. Conceição, vinte e poucos. Reconheço que insisti bastante, mas ela também quis, tanto que apareceu no meu quarto por livre e espontânea vontade.

Às vezes, eu achava tudo certo. A gente sentiu vontade, a gente foi, a gente fez. Às vezes, achava tudo errado. Nossa relação parecia uma espécie de mentira. Estava dando à Conceição uma coisa que não devia dar, salvo se realmente estivesse a fim de namorar com ela, e eu, para falar a verdade, não estava. Sexo teria alguma coisa a ver com sentimento ou seria só um mero passatempo?

Lembro de um pensamento louco. E se a cadela pastor alemão puro-sangue fosse uma moça que um dia, sei lá, mexendo com magia, tivesse se dado mal, como eu? Lembro de um pensamento complicado. E se Conceição tivesse ficado a fim de namorar comigo? Eu achava que não. Para mim, ela só queria se divertir. Mas e se não fosse nada disso? E se no começo fosse só brincadeira e depois a coisa tivesse mudado e Conceição estivesse gostando de mim pra valer? Além disso, eu estava numa posição atraente. Representava a possibilidade de ela, de repente, mudar de vida. Na cabeça dela, talvez eu até fosse um cara legal, mas, ao mesmo tempo, era um cara com poder. Namorar comigo podia significar para ela uma chance de mudar de vida, de crescer socialmente, sei lá!

Por outro ângulo, era preciso reconhecer, eu quase não conhecia Conceição nem ela me conhecia. A gente quase nunca tinha conversado de verdade. Não sabia nada sobre suas opiniões, suas crenças, seus sonhos e desejos. Como era possível dormir com uma pessoa e não ter intimidade alguma com ela?

Havia ainda o risco de eu mesmo ficar apaixonado. Isso, no fundo, confesso, também me assustava. Apesar de tudo, ela era diferente daquelas meninas da escola que davam para todo mundo. Conceição, quando estava comigo, estava comigo. Era verdadeira, divertida, inteligente e espontânea. A gente se divertia junto pra valer. Era gostoso ficar perto de Conceição.

Como a vida pode ser complicada, leitor!

Tanto a farsa do assalto perto do trilho do trem, armada pelos amigos de dona Ivete, como o discurso nojento de Renatão e, também, aqueles pensamentos sobre Conceição deixavam claro para mim como eram loucas e absurdas as diferenças sociais. Além de injustas e burras, elas tinham o dom horrível de deixar as pessoas próximas e distantes ao mesmo tempo. Era preciso fazer alguma coisa sobre esse assunto, pensava eu, moleque ainda. Uma sociedade que desse chances iguais para todos ia deixar a vida de todo mundo muito melhor.

Certa tarde, o dono do circo apareceu e me levou pela corrente. Chegamos a um cercado. Do outro lado, uma cadela imensa bebia água. Ao me ver, avançou contra as grades, rosnando com dentes ameaçadores.

Abrindo a portinhola, o halterofilista me empurrou lá para dentro. A cadela havia entrado no cio e, agora, estava no ponto de cruzar. Só não fiz o sinal da cruz porque não dava. A fêmea de pastor alemão era forte, peluda e bem maior que eu.

Vou evitar entrar em detalhes desnecessários, leitor, mas esclareço que pretendo contar a verdade. Foi, afinal, o que fiz até agora e é o que vou fazer daqui até o final do livro.

Meu coração, constrangido, doía na escuridão da caixa torácica. Numa última e desesperada tentativa, procurei os olhos da cadela. Encontrei dois olhos amarelos e opacos, tão expressivos como os de outros cachorros por aí. Definitivamente, ela não era uma moça que um dia, sei lá, mexendo com magia, tinha se dado mal, como eu.

Fiquei parado no meio do cercadinho. A temerosa e curiosa cadela primeiro latiu, andando ao meu redor, depois me cheirou de alto a baixo. Foi incrível. Ela nunca tinha me visto na vida, entretanto, instruída pelas forças da natureza, percebeu imediatamente que eu era macho e que havia uma coisa que a gente precisava fazer juntos.

Fora do cercadinho, o dono do circo e seus empregados acompanhavam o desenrolar dos acontecimentos.

Minha vontade era estar longe, morto e enterrado, mas a realidade é que estava vivo, desenterrado e justamente ali.

A pressão externa começou. Pelos comentários, fiquei sabendo que a cadela tinha acabado de completar dois anos e nunca havia cruzado antes.

Vou resumir, leitor: naquela embaraçosa manhã de sol, eu ali, preso no cercadinho, confuso e pressionado pela plateia, decidi, contra a minha vontade e natureza, juro mesmo, cruzar com a tal cachorra. Era a única maneira de acabar de uma vez por todas com aquela espécie de lua de mel pública e humilhante.

A cadela, apesar do jeito agreste, parecia, sempre comandada pelos instintos, disposta a colaborar, tanto que, sem ninguém mandar, ficou de costas para mim. Quando tentei agarrá-la por trás, ela, surpreendentemente, endureceu o corpo, arrepiou-se e, virando-se com o rabo entre as pernas, avançou, mordendo meu focinho.

Não era preciso ser nenhum psicólogo canino para compreender a situação. Acontece que a cachorra nunca havia feito aquilo e não sabia que minhas intenções eram, guardadas as devidas proporções, as melhores possíveis.

A coitada estava nitidamente dividida. De um lado, seu instinto de procriação e perpetuação da espécie ordenava que ela simplesmente se submetesse a mim, relaxasse e deixasse as coisas acontecerem. Por outro lado, seu espírito guerreiro, seu sistema de defesa, por pura inexperiência, apresentava restrições ao meu procedimento, avisando que aquilo tudo talvez pudesse ser, na verdade, um ataque traiçoeiro, invasivo e mortal.

Passei a pata no focinho machucado.

O pessoal do lado de fora caçoava.

Corri para a porta do cercadinho, achando melhor desistir.

Nervosa e cheia de dúvidas, a cachorra veio outra vez, provocante, para o meu lado. Fiz uma segunda tentativa. Levei uma mordida que quase me arrancou uma orelha.

A plateia vaiava.

Acuado, resolvi partir para a força bruta. Era a única alternativa, pensava eu. Se respondesse aos ataques da cachorra com firmeza, ela, quem sabe, talvez passasse a me respeitar, talvez sentisse medo e, assim, dominada, me deixasse fazer o que devia ser feito.

Mais uma vez a fêmea me rodeou, sedutora e conflitada. Fechei os olhos, respirei fundo e, tomando impulso, me agarrei firme em suas costas. Senti o corpo dela encolher, e lá vieram outra vez os dentes arreganhados para cima de mim. Revidei com truculência. Ai de mim, leitor! Foi mil vezes pior! Assustada e, acho, vendo confirmadas assim as suspeitas levantadas por seu instinto de defesa, ela mordeu meu pescoço e me sacudiu no ar, atirando-me longe.

Os funcionários do circo morriam de rir. Um deles caçoou do patrão, lamentando o dinheirão jogado fora.

— Esse vira-lata é um baita de um frouxo!

Resolvi usar a cabeça.

Aproveitando a queda, fiquei parado no chão, de barriga para cima, com os olhos fixos, as patas rijas viradas para o alto, dentes arreganhados e a língua para fora, esticada. Além disso, leitor, gritei. Gritei como nunca havia gritado em toda a minha vida, lançando no ar um uivo fino, dramático e lancinante.

Assustado, o halterofilista saltou dentro do cercado, achando que eu havia sofrido um traumatismo craniano. Pegou-me no colo e, com jeito, levou-me para fora, longe da cadela. Alguém correu para buscar uma tigela com água. O patrão procurava o telefone do veterinário numa cadernetinha.

De minha parte, assim que tive chance, saltei, corri, voei, passei por baixo de um caminhão que vinha chegando, atravessei a cerca de arame farpado e desapareci no capinzal.

27.

Derrapando pelos barrancos, subindo morros, pulando cercas, encontrei uma estrada de terra e segui correndo, sempre correndo e correndo.

Daquele dia em diante, leitor, desisti, para sempre, de ser gente. A luz acesa da razão, sóbria e ordeira, finalmente resplandeceu, tomando conta do meu cérebro e da minha vida. Percebi que precisava mudar de comportamento. Percebi que precisava ser prático. Eu era cachorro? Era. Estava insatisfeito? Sim. Estava conseguindo mudar minha vida? Não!

E o bom senso me colocou diante de uma inesperada questão: será que de fato, um dia, num passado remoto, eu tinha mesmo sido uma pessoa ou tudo não seria apenas fruto da minha fértil, pretensiosa e alucinada imaginação?

As imagens de minha casa, de meus pais e daquele sujeito chamado Lúcio começaram a ficar distantes e embaçadas. Recordava vagamente de um nome de rua, de um viaduto, de um posto de gasolina numa esquina, de uma casa, de um quarto, de uma motocicleta, de um número de RG, tudo bastante nebuloso, remoto e improvável. Seriam aquelas lembranças verdadeiras ou não passavam de fantasias criadas por mim?

Uma coisa parecia clara: realidade ou imaginação, ficar naquela luta sem trégua estava acabando comigo. Por causa daquela busca desenfreada eu quase fora castrado. Por causa dela, havia abandonado a vida segura e confortável na casa dos professores aposentados.

Podia, por exemplo, ter ficado no Sítio Santa Rita, sob os cuidados do seu Miguel, levando a vida como os outros cachorros. Qual o problema? Havia tranquilidade. A comida era bastante razoável. À noite, dona Cecília contava histórias. Talvez ali eu, no fim, até arranjasse uma esposa, tivesse filhos, passasse o resto da vida em paz, tomando conta de casa como todo bom cachorro. Que mania aquela de querer ser diferente dos outros!

O mundo afinal estava cheio de cachorros. Entre tantos, por que somente eu tinha que ser gente? Que diabo era aquilo? Mania de superioridade? Presunção? Insegurança? Vaidade? Ser cachorro, vamos e venhamos, dizia eu para mim mesmo, não era tão mau assim!

Seguia pela estrada pensando e pensando. Era imprescindível parar. Era imprescindível mudar de vida. O tempo estava passando, e eu me destruindo sem conseguir assumir a verdade: aquela história de Lúcio não passava de um delírio sem base na realidade. O pior cego é o que não quer ver. Já estava na hora de reconhecer que eu era apenas um simples cachorro. Nada mais, nada menos do que um legítimo representante da gloriosa espécie canina.

Usar a inteligência e o bom senso seria construir minha vida com base nisso. O resto era pretensão. O resto era uma estúpida, descabida e inominável alucinação.

Quero encontrar um mínimo de equilíbrio para poder ser feliz!, dizia eu, menino-cachorro, concordando comigo mesmo, lembro bem disso, leitor. E dizia mais: é impossível ser feliz dividido, ser uma coisa e viver tentando ser outra.

Foi quando me veio um plano: localizar a via Dutra; voltar a Guaratinguetá; refazer o percurso, farejar, encontrar a chácara dos queridos professores universitários e ficar por ali para sempre.

Minha última lembrança foi o som de uma buzina, pneus cantando e uma violenta pancada que me deixou fora do ar.

Acordei com um gosto de anestesia na boca. Havia gente falando alto em volta de mim. Tentei abrir os olhos; estava tudo embaçado. Tentei levantar a cabeça. Não consegui.

Aos poucos, a situação foi ficando clara. Havia sido atropelado e levado a um veterinário que colocou uma tala na minha pata da frente, a direita.

O veterinário estava justamente explicando a um senhor gordo de cabelos grisalhos acompanhado de uma menina que, aparentemente, eu só havia fraturado a pata, mas era necessário ficar em observação. Guardou a radiografia num envelope e receitou uma série de remédios, basicamente anti-inflamatórios e analgésicos.

Fui colocado no banco de trás de uma Brasília branca. Lembro da menina sentada ao lado do motorista, de costas para mim, e de uma cabeça careca, de costas também, manobrando o carro. Sem forças para nada, deixei, mais uma vez, a vida me conduzir.

O sujeito no volante parecia aborrecido. Advertiu a menina:

"Presta bem atenção: quem vai cuidar é você!"

A garota permaneceu imóvel, virada para a frente.

Pouco depois, paramos em frente a uma casa, a menina empurrou o portão e o homem entrou, estacionando num espaço lateral coberto. Fui, depois, carregado até uma lavanderia. A menina apareceu com um caixote de madeira cheio de jornais velhos. Com um gesto, pediu que o homem me deitasse ali dentro.

Saiu em seguida, voltando com uma tigela de comida e um prato de sopa cheio de água. Agachando-se ao meu lado, passou a mão devagarinho atrás de minha orelha.

Como aquilo me fez bem, leitor! Fechei os olhos. Nada mais importava no mundo, além daquele minúsculo e precioso momento de paz.

28.

E assim, graças a um bem-vindo atropelamento, passei a viver, finalmente, uma vida de cachorro de verdade.

Sobre esse assunto, minha decisão era irrevogável. No mais íntimo de mim mesmo, desisti de pretender ser gente. Tinha segurança do que estava fazendo. Minha revolução interior era fruto de uma avaliação realista, realizada com objetividade, bom senso e equilíbrio. Estava morando num lugar onde as pessoas eram boas, havia aparente estabilidade financeira, a comida era servida pontualmente todos os dias e o lugar para dormir, bastante razoável. Que mais, meu Deus, eu podia querer?

Passei a empregar minha inteligência não para ter ideias ou alimentar sonhos inúteis, mas única e exclusivamente para preservar com unhas e dentes aquela situação. Não era o ideal, eu sei: era o possível. E dentro do possível, tentei primar pelo bom comportamento.

Passava a maior parte do tempo no meu canto, só latindo em último caso. Pegava o jornal, todos os dias, sem ninguém mandar, e deixava na porta da cozinha. Fazia minhas necessidades num jornal velho, embrulhava no próprio jornal e atirava na privada do banheirinho da lavanderia. Fechava, depois, a tampa do vaso, subia em cima e apertava a descarga com o focinho. Além disso, tomava banho sozinho, e posso garantir que consegui acabar com as pulgas e carrapatos que infestavam meu corpo. Jamais deixava restos de comida caídos fora do prato. Fazia minha cama de manhã cedo, trocando os jornais e retirando os pelos. Colocava, eu mesmo, a água na tigela e, o mais importante, leitor: fazia tudo isso discretamente, sem exibicionismo. Ao contrário, tomava cuidado para que ninguém prestasse atenção em mim.

Aos poucos, fui conhecendo melhor as pessoas e os ritmos da casa. O velho careca era ranzinza e de poucas palavras. Vivia de cara amarrada, com um cigarro no canto da boca, evitando qualquer contato comigo. Percebi que não havia nada de pessoal nisso. Era o jeito dele mesmo, por isso não dei muita importância.

Toda manhã, meu patrão tomava café, lia jornal, pegava a Brasília e só voltava no final da tarde. Após o jantar, assistia a um pouco de televisão e ia dormir. A menina também acordava cedo, preparava o café da manhã e ia para a escola. Retornando na hora do almoço, costumava passar o resto da tarde em casa. Os dois, aparentemente, não tinham amigos nem vida social. Muito menos pareciam se dar bem.

Em pouco tempo, pude retirar a tala, recuperando logo os movimentos da perna.

Acho importante descrever meu dia a dia. Como um bom cão de guarda, cumpria, religiosamente, minha principal obrigação: passar a noite acordado, vigiando a casa. Mal o dia clareava, eu me deitava perto da porta da cozinha e cochilava um pouco. Acordava com o barulho do jornal caindo na garagem, atirado pelo entregador. Em geral, àquela hora, a menina já estava preparando o café. Eu pegava o jornal e colocava na porta aberta da cozinha.

Deitava, de novo, ali perto e ficava observando os dois tomarem seu silencioso café matinal. Quase sempre, a menina atirava um naco de pão ou de bolo para mim.

Mais tarde, chegava a empregada. Tinha a chave da casa. Entrava, lavava a louça, arrumava a casa, preparava o almoço e, duas vezes por semana, cuidava da roupa.

A menina, filha do velho careca, era muda. O sujeito devia ser divorciado ou viúvo, pois não tinha esposa, nem a menina tinha mãe. Ela, preciso dizer, era um tipo bem retraído. Parecia infeliz ou muito doente.

Vivia trancada no quarto. Andava sempre séria, quase ausente, olhando para o chão. Às vezes, conseguia passar a tarde toda imóvel, sentada no sofá da sala. Além disso, não sorria nunca.

Percebi essas coisas, leitor, mas, sinceramente, não me interessei. Nada disso era problema meu. Estava decidido, como disse, a levar uma vida de cachorro, e um cachorro de verdade não pode ficar por aí reparando nesse tipo de assunto. Meu exercício diário, ao contrário, era tentar levar em conta apenas o essencial e ser o mais econômico possível em matéria de elucubrações, ideias e sentimentos.

Aprendi, por essa época, a criar, voluntariamente, uma espécie de vazio dentro do cérebro. Simplesmente conseguia não pensar em coisa nenhuma. Era interessante. Por incrível que pareça, esse hábito aumentou minha sensibilidade. Livre dos pensamentos, passei a sentir meu corpo nos mínimos detalhes. Sentia minhas quatro patas inteiramente pousadas no chão. Sentia minha respiração. A coluna cervical. Os menores movimentos musculares. Passei a comer apenas o necessário, pois percebia, nitidamente, quando a barriga já estava satisfeita. Meus ouvidos também ficaram mais aguçados. Escutava de longe o ruído da Brasília branca chegando nos fins de tarde, reconhecia pessoas e coisas pelo cheiro, e até adivinhava que ia chover, muito antes de o céu sonhar em ficar nublado.

Tudo ia bem, mas, com o passar do tempo, dois inesperados e poderosos inimigos cismaram de querer tomar conta de mim: o tédio e, sempre ela, a solidão. Sim, leitor. A falta do que fazer e a falta de companhia começaram a me maltratar. Dei para ter certos hábitos. Sentia, por exemplo, vontade de cavoucar o chão, de latir sem razão nenhuma ou de roer coisas. Era tudo, eu sabia, única e exclusivamente para passar o tempo, mas aquelas vontades me angustiavam. Temia desagradar aos donos da casa que, de repente, irritados, podiam cismar de querer me mandar embora. A vontade de roer, entretanto, era mais forte que eu. Passei a morder a parede de cimento perto do tanque. Lembro de roupas do varal arrancadas e devoradas secretamente e de um pé de sapato que eu, num ímpeto incontrolável, destruí e depois, temendo ser descoberto, enterrei no jardim.

Todas as tardes, enquanto a empregada fazia o serviço, num tremendo esforço para conter o tédio, comecei a entrar em casa para dar uma rápida olhada nas notícias de jornal. Primeiro foram os jornais, depois acabei na estante que tomava uma das paredes da sala. Diariamente, retirava um livro, levava para o jardim e, deitado debaixo de uma árvore, lia. Voltava, mais tarde, discretamente com o livro na boca e recolocava na prateleira.

Esclareço que nunca fui de ler muito. Adquiri o hábito da leitura por essa época, em desespero de causa, para enfrentar o tédio e a solidão.

Um dia, por acaso, encontrei o livro que acabaria marcando minha vida. Estava fuçando a estante quando vislumbrei um volume caído atrás de outros, num cantinho à esquerda, embaixo, na penúltima prateleira. Foi difícil pegar. Era uma brochura velha e empoeirada, com a capa avermelhada e um título sonoro: *O asno de ouro*, escrito por Apuleio.

Fiquei surpreso. Era justamente a ótima história contada de memória pela professora aposentada, certa noite, num sítio perto de Guaratinguetá. Peguei o livro com os dentes, levei para trás da moita e, de novo, agora com muito mais força, senti uma identificação total com a história e com o personagem, transformado, como eu, num animal.

Até aquela época, na verdade, nunca havia notado que um livro podia trazer personagens, fatos e ideias que têm tudo a ver com a vida mesmo. É delicioso ler quando se está identificado com a história. É delicioso ler quando o assunto da história mexe com a alma da gente. E, leitor, que história eu tinha em minhas patas!

Fiquei tão freguês de *O asno de ouro* que, no fim, decidi roubar o livro para mim. Em vez de devolver, como fiz com os demais, passei a escondê-lo carinhosamente em minha cama, debaixo dos jornais.

Durante a noite, depois que os patrões iam dormir, subia numa cadeira, acendia a luz da varandinha com o focinho e lia.

Lembro de, deitado sobre o tapete de palha, rir às gargalhadas com as aventuras e desventuras do personagem principal. Ficava, vez por outra, assustado com a violência de certas passagens. Muitas vezes, sonhei, encantado. Outras, chorei.

Aquele livro, leitor, tinha o poder de mexer com minha alma canina. Me fazia perguntar quem eu era. Que diabo afinal era a vida. Me obrigava a pensar. Me surpreendia e desnorteava. E que fantástica a coincidência entre minhas emoções e minha situação e as emoções e situação do personagem principal!

Minha paixão por aquela velha brochura de duzentas e tantas páginas acabou me expondo demais. Foi numa madrugada abafada. As mariposas voavam dando cabeçadas na parede. Eu, debaixo da luz da varandinha, com o volume aberto diante de mim, lia, virava as páginas com a língua e abanava o rabo de genuíno prazer. Uma sombra surgiu, escurecendo as páginas amareladas do livro. Levantei a cabeça.

Era a filha do patrão, a menina muda, a garota retraída e solitária, de camisola, com as duas mãos no peito e os olhos imensos de tão arregalados. Tentando disfarçar, peguei *O asno de ouro* e, com dor no coração, comecei a roê-lo.

A menina arrancou o livro de minha boca. Estava desconfiada. Notou a luz acesa no teto. Examinou o livro. Ficou olhando para mim. Não sei o que me deu. Também olhei para ela. Não com olhos de cachorro. Olhei firme, quase agressivamente.

Lembro de nós dois ali, em silêncio. Lembro daquele rosto pálido e amassado, com os cabelos desgrenhados de quem tinha acabado de sair da cama.

Um estranhamento foi crescendo no ar.

29.

A menina apareceu com ***O asno de ouro***, na manhã seguinte, durante o café. Excitada, dirigindo-se ao pai, apontou insistentemente para mim. Mostrou o livro. Gesticulou, fazendo caretas. O velho baixou o jornal, dizendo que não estava entendendo nada. A garota tentava se explicar. Foi para perto de mim. Ficou de quatro no chão. Fingiu folhear o livro. O homem amassou o cigarro no cinzeiro, levantou-se e foi trabalhar.

Seu nome era Alzira. Miúda, de pescoço fino, cabelo curto escorrido e dois olhos grandes atrás dos óculos, Alzira andava sempre com o corpo duro ligeiramente encolhido e, apesar de ter mais ou menos a minha idade, parecia ter bem menos.

Por causa daquele encontro na varanda, fiquei sem meu livro predileto.

Alzira, como já disse, ia à escola de manhã. À tarde, almoçava e depois, em geral, trancava-se no quarto. Com o episódio, entretanto, deu para aparecer no jardim. Chegava perto de mim e estalava os dedos ou oferecia um pedaço de queijo, me chamando para ficar em casa com ela.

Uma vez, Alzira me levou para a sala, colocou *O asno de ouro* bem na minha frente e ficou olhando. Meu impulso, claro, era pegar o livro e levá-lo comigo, mas fiz o contrário. Cheirei o volume com indiferença, passei reto e fingi estar interessado noutra coisa, debaixo da mesa. Lembro da cara decepcionada da menina, pondo o livro de volta na estante.

Sei que Alzira foi se tornando cada vez mais próxima. Gostava de cuidar de mim e de ficar comigo. De vez em quando me dava banho. Parecia apreciar minha companhia, pelo menos um pouco.

Do meu lado, estar com Alzira representava ficar junto de alguém, e isso, para quem estava sozinho há tanto tempo, era muito bom.

Descobri que minha pequena patroa tinha uma espécie de segredo. Depois que a empregada ia embora, costumava trancar as portas da casa, fechar as cortinas, vestir um shortinho vermelho, uma camiseta e ir para a sala dançar diante do espelho.

Lembro dela, magrinha, sem óculos, dançando uma espécie de dança silenciosa e esquisita. Era como se obedecesse a um ritmo interior. Eu deitado sobre o tapete e Alzira lá, sem música, torcendo o corpo, requebrando-se, fazendo movimentos com os braços, as mãos e os ombros. Às vezes parava no meio da sala num pé só, com o outro pé apoiado sobre o joelho. Saía correndo em volta da mesa como se estivesse correndo atrás de si mesma. Soltava gargalhadas silenciosas, sempre colocando, timidamente, a mão na frente da boca. Ou então, parada na frente do espelho, bancava a mulher sensual, lançando olhares sedutores, meio de lado, alisando os seios.

Para mim, era surpreendente conhecer esse outro lado de Alzira. Naquelas horas, tudo nela ficava mais bonito. Seu corpo até parecia maior e mais forte. Seus movimentos se soltavam, desenhando e apagando no ar formas cheias de energia e elegância.

Bastava a Brasília branca parar no portão para a menina me botar para fora e desaparecer no quarto.

Uma vez, era uma tarde morna, eu, para variar, passeava sem rumo pelo jardim quando vi, ao longe, perto da garagem, uma coisa vermelha caída no chão. Meu coração bateu mais forte. Era *O asno de ouro*, atirado ali de qualquer jeito. Não me contive. Lambi a capa do livro, abri suas páginas ao acaso. Lembro que fui cair direto na parte da escrava Fótis. Justamente por causa dela, o personagem principal havia se transformado num lamentável burro. Fui folheando o livro com o focinho. Reli o capítulo com a triste e cômica história de Telifrão. Passei pelo terrível caso do moleiro e sua mulher adúltera. Senti um perfume familiar. Alzira saiu de trás do muro, com dois olhos acusadores, brilhando dentro dos óculos.

Achei melhor fingir de novo. Balancei o rabo e, com ar de falso desentendimento, peguei o livro com os dentes e entreguei a Alzira. Lembro da menina tirando o livro da minha boca e sentando desanimada ao meu lado.

Outra vez, minha patroa me levou para o quarto, arranjou um lugar para eu me deitar e ficou fazendo lição. Depois, jogou tudo para o alto. Começou a gesticular como se falasse sozinha. Parecia angustiada. Acabou cochilando. Mais tarde, acordou, espreguiçou-se e foi ao banheiro tomar banho. Lembro, leitor, como se fosse hoje. De repente, a porta do banheiro se abre e Alzira aparece no quarto completamente nua. Senti vergonha de vê-la daquele jeito. Confesso que admirei a moça andando nua pelo quarto, debruçada no armário e escolhendo roupas para depois experimentar na frente do espelho. É bonito ver uma mulher à vontade, sem fazer pose, sem querer seduzir ninguém. Achei Alzira feminina e atraente, com aqueles seios pequenos e a pele tão clarinha que, em certos pontos, dava para enxergar umas veiazinhas minúsculas e azuis. Essa mesma situação se repetiu outras vezes. Acabei experimentando um forte sentimento de culpa. Que direito tinha eu de ficar espiando a moça em sua privacidade? Afinal, ela não sabia que eu, na verdade, era eu. Afinal, ela não sabia que, antes de ser cachorro, eu havia sido, talvez, um homem, e ainda sabia olhar uma mulher com olhos humanos. Nesse dia, resolvi fechar os olhos e ainda colocar as patas sobre eles. Pensando que eu estivesse com alguma irritação na vista, Alzira me pegou no colo, sentou-se comigo na cama e, com cuidado, abriu e soprou meus olhos. Lembro de mim, leitor, naquela situação. Alzira só de calcinha. O calor do corpo dela, as mãos, os seios dela pertinho de mim. Lembro das gotas caindo do seu cabelo, de vez em quando, em meu focinho. Fiquei arrepiado, dei um pulo para o lado, desembaracei-me, corri até a porta, lati e arranhei, indicando que precisava sair urgentemente. Alzira sorriu ao abrir a porta, pensando, acho, que eu devia estar com vontade de fazer xixi.

A partir desse dia, evitei, sempre que pude, voltar ao quarto de Alzira. Nas vezes em que isso não foi possível e ela precisou se despir, dei, discretamente, um jeito de me virar de lado e de pensar em outra coisa.

Tudo foi caminhando mais ou menos assim até aquela noite. Deitado na lavanderia, escutei o patrão falando na sala. Falando, não. O sujeito gritava. Assisti à cena pela fresta da porta da cozinha. Alzira, de cabeça baixa, sentada num banquinho com as mãos sobre as pernas. Seu pai, andando de um lado para o outro, dizendo que era castigo. Que ela estava pagando pelo que havia feito. Esmurrou a mesa. Disse que ela havia destruído a vida dele. Que ela era uma errada desde pequena. Que para nascer havia matado a própria mãe. Que para nascer tinha levado a mulher dele embora. Que ele, aquela besta quadrada, apesar de tudo, tinha se sacrificado e cuidado dela para depois acontecer aquilo. O homem chamou Alzira de puta. Sentada no banquinho, a moça parecia uma escultura de pedra. O velho, cada vez mais nervoso, encostou o rosto no rosto dela. Berrou. Mandou Alzira dizer alguma coisa. Para ele, ela não era muda coisa nenhuma. Aquele silêncio era mentira, era provocação. Agarrou a menina pelo pescoço e começou a sacudi-la.

Invadi a sala e avancei sobre meu patrão que, desarvorado, largou a moça e foi para o quarto.

30.

No dia seguinte, depois do almoço, entrei decidido pela porta da cozinha e fui até a sala. Encontrei Alzira sentada no sofá, olhando para as mãos. Lembro da televisão ligada e de *O asno de ouro* jogado em cima da mesinha de canto. Lati para chamar a atenção. Desliguei a televisão com o focinho, puxei uma cadeira, saltei sobre ela, abanei o rabo, peguei o livro na mesinha, desci com ele entre os dentes, abri o livro e, de propósito, escancaradamente, comecei a ler.

Alzira ajoelhou-se na minha frente. Lembro dela me segurando pelos ombros. Lembro dos olhos molhados dela tentando entrar nos meus. Lambi o nariz dela, lambi suas lágrimas e abanei o rabo.

Então, Alzira me levou para o quarto. Colocou-me em cima da cama. Sentou-se na minha frente. Fez gestos pedindo que eu prestasse atenção. Deu a entender com as mãos que antes, fazia tempo, havia sido muito infeliz. Fez um ar melancólico e mostrou lágrimas caindo de seu rosto. Depois, sempre com as mãos, mencionou uma pessoa. Pelo jeito, um namorado. Alzira fechou os olhos. Sorriu sonhadora. Acariciou o próprio peito. Deu beijinhos no ar. Demonstrou profunda alegria. O namorado foi como uma luz em sua vida. Era o príncipe encantado. A salvação que havia chegado. E Alzira, sempre por meio de gestos, tentou me falar sobre seu amor. Descreveu os dois juntinhos, os abraços e o carinho. O tempo passou. A menina fez um ar de preocupação. Apontou para a barriga. Disse, com as mãos, que havia ficado grávida. Andou pelo quarto mostrando seu desespero. Apertou o pescoço, como se estivesse sufocada. Deitado na cama, eu acompanhava aquela história, contada sem uma única palavra. Alzira encheu o peito como se tivesse tomado uma decisão importante. Resolvera procurar o pai. Fez uma careta indicando que havia cometido um lamentável engano. Pelo jeito o pai ficou furioso. Bateu na filha. Xingou. Chutou. Queria levá-la imediatamente ao médico para fazer aborto. A menina andava zonza pelo quarto. Colocou as mãos no ventre como se o estivesse protegendo. Não queria tirar aquela criança de jeito nenhum. Contou que fugiu à procura do namorado. Disse, por meio dos gestos, que, quando o namorado soube da gravidez, ficou assustado. O rapaz achava que a culpa era dela e que era preciso tirar a criança. Pelo que entendi, os dois acabaram se agredindo fisicamente. No fim, desnorteada, Alzira saiu da casa do namorado correndo feito louca, tentou atravessar a rua, vinha um carro, foi atropelada e perdeu a criança.

Lembro das lágrimas escorrendo pelo meu focinho.

Alzira sentou no chão. Olhando para mim, abriu a boca e apontou com o dedo. Desde então, explicou ela com gestos, nunca mais conseguira dizer uma única palavra.

O drama de Alzira, leitor, mexeu profundamente comigo. Mal consegui dormir naquela noite. Pensamentos, lembranças e sentimentos me assaltavam como um enxame de marimbondos zumbindo e machucando.

Na manhã seguinte, Alzira desceu, preparou a mesa, tomou café com o pai e foi para a escola sem olhar para mim. Achei estranho.

À tarde, aconteceu a mesma coisa. No outro dia também. Alzira simplesmente começou a me evitar. Agia como se eu não existisse, como se não houvesse acontecido nada entre nós. Fiquei sem entender o que estava se passando, até o dia em que, estando no jardim, vi a menina me olhando da janela de seu quarto. Sua fisionomia estava tensa. Seus olhos, apavorados, carregavam uma mistura de angústia, pânico e horror. Não tive dúvida, leitor. Minha amiga achava que estava ficando louca.

Apesar de triste, pude compreender a situação. Não era nada contra mim, nem eu havia feito nada errado, mas o fato de ser cachorro e ao mesmo tempo fazer as coisas que fazia, devia ser realmente perturbador. Minha pobre amiga não estava conseguindo lidar com aquele cachorro, eu, que ao mesmo tempo latia, abanava o rabo e sabia ler.

A partir daí, leitor, pela manhã, enquanto Alzira estudava, eu, sozinho de novo, passei a ficar no meu cantinho, atrás de um arbusto perto da lavanderia, pensando e pensando.

Durante todo o meu percurso, desde minha desastrada metamorfose, ainda não havia encontrado alguém como Alzira, alguém com quem, de fato, eu tivesse tido tanta intimidade e sintonia. Construí, sem querer, uma relação com aquela menina. Conquistei sua confiança. Aprendi a aceitar e a gostar dela. Aprendi, mais ou menos, a compreender seus problemas e a vê-la não como uma aparência ou uma figura idealizada, mas como uma pessoa mesmo, de carne e osso, com qualidades e fraquezas, trilhando seu percurso no mundo. Sentia amizade por Alzira. Achava Alzira uma pessoa especial. Desejava, de coração, juro mesmo, independentemente de qualquer coisa, que um dia ela fosse feliz.

Ela, eu estava certo disso, também já se tornara um pouco minha amiga, e esse era o ponto. Alzira, naquele momento, era a única pessoa no mundo em quem eu podia confiar. Só ela, talvez, pudesse ter interesse e paciência para prestar atenção em mim e me levar a sério. Só ela, talvez, fosse capaz de aceitar minha inusitada e inexplicável situação. Apenas ela, pensava eu, poderia me ajudar a chegar a Silveiras e, sei lá como, descobrir o jeito de me livrar daquele estado animal.

Pela primeira vez, leitor, desde o lamentável acidente no quintal de tia Vanda, senti ânimo para, de verdade, tentar falar.

E foi assim. Primeiro, inventei uma frase curta. Depois, comecei a treinar. Passava horas e horas, todos os dias, sob o sol e a chuva, no frio e no calor, de dia e mesmo durante a escuridão, tentando articulá-la.

A boca, a garganta e a língua de um cachorro — isso eu conheço, posso garantir — foram feitas para tudo, menos para falar. Vou dar um exemplo: a própria palavra Alzira. Por pertencer à espécie canina, falar "au" para mim era relativamente fácil. Em compensação, a boca doía e se recusava a dizer o "zi" e o "ra".

Sei que treinei, treinei, treinei e treinei, desesperadamente. E quando estava exausto, leitor, com câimbras na boca e na garganta, treinava mais e mais.

Escondido atrás da moita, feito um guerreiro solitário, passei semanas educando minhas articulações bucais e vocais com a disciplina de alguém que luta desesperadamente pela própria vida.

Uma tarde, entrei em casa, subi as escadas e arranhei a porta de Alzira. Lembro dela com cara de sono me deixando entrar. Lembro de pular em cima da cama. Lembro dela olhando para mim. Lembro de balbuciar:

"Alzira, me ajuda!"

31.

Alzira ficou com a boca aberta parada. Depois, desceu as escadas correndo, foi até o jardim, tomou fôlego, voltou, entrou no quarto e fechou a porta, pedindo, com gestos, que eu falasse de novo.

Passamos aquela noite trancados no quarto.

Com um pedaço de cartolina, tesoura e lápis de cera, minha amiga fez quadradinhos soltos com as letras do alfabeto. Graças a essa ideia simples, usando o focinho e as patas para formar palavras, pude, finalmente, me comunicar, contar meu nome, explicar, telegraficamente, minha situação e a necessidade premente de ir até Silveiras.

De vez em quando, lembro, eu parava, olhava para ela com olhos úmidos, abanava o rabo e grunhia: “Alzira, me ajuda!”.

A menina escrevia perguntas e mais perguntas numa folha de caderno.

Lembro, leitor, do prazer indescritível e inesquecível, único mesmo, que eu sentia em poder finalmente, mesmo usando focinho, patas, mesmo por meio de frases curtas e incompletas, expressar meus sentimentos, descrever minha real situação, falar e ser ouvido, ouvir uma pergunta e poder responder.

Como é bom saber ler e escrever!

Graças a isso, era como se naquele dia eu estivesse voltando a existir.

Alzira andava pelo quarto. Ria silenciosamente. Tirava e punha os óculos. Olhava para o teto e depois para mim e depois para o teto e sacudia veementemente a cabeça com ar de incredulidade, espanto e encantamento. De vez em quando, minha amiga sentava na cama e escondia o rosto entre a mãos. Ajoelhava-se na minha frente, segurava minha cabeça e fixava os olhos nos meus, tentando se convencer de que tudo aquilo era verdade.

Exaustos, acabamos dormindo no meio dos quadradinhos de papelão recortado.

Como sempre, no dia seguinte, Alzira foi para a escola.

Depois do almoço, pegou dinheiro no armário do pai, colocou uma coleira em meu pescoço e, com gestos, explicou à empregada que íamos, eu e ela, dar uma voltinha no quarteirão. Fomos direto à rodoviária e tomamos o ônibus Lorena-São José do Barreiro, Viação Pássaro Marrom, com parada em Silveiras.

Lembro de ter sentado ao lado de Alzira. Lembro do meu estado de felicidade ao encostar, de quando em quando, o focinho no ouvido dela para balbuciar baixinho, com sotaque canino: “Alzira, me ajuda!”.

Era tudo o que eu conseguia dizer. Era tudo o que eu precisava dizer.

Silveiras é uma cidade pequena e antiga, encravada entre dois morros, fundada no período colonial. Não tem hospital, agência bancária, nem estação rodoviária. Descemos na estrada mesmo. O ponto do ônibus ficava em frente a uma farmácia. Foi fácil encontrar o prédio da cadeia municipal, um edifício quadrado construído no meio de uma praça, a duas ou três quadras do largo da matriz.

Saí correndo. Quase não conseguia respirar. Atrás da cadeia, do lado esquerdo, realmente havia duas árvores com uma pedra no meio.

Procurei os olhos de Alzira. Se pudesse, ficava em pé, pegava minha amiga, mordia, beijava, abraçava e saía dançando com ela. Comecei a correr em volta da praça, dando saltos e cambalhotas. Parava diante de Alzira, latia inclinado para a frente abanando o rabo e fugia, dando voltas em torno de mim mesmo. De vez em quando, encostava o focinho no ouvido dela e falava baixinho a única frase do meu humilde mas eficiente repertório.

Com gestos, Alzira me convidou a sentar num banquinho de cimento. Mostrou o relógio. Disse com as mãos que era melhor esperar a noite chegar. Infelizmente, o lugar era bastante movimentado. Ao lado da cadeia pública, havia uma escola, e os alunos ficavam circulando. Além disso, grupos de turistas visitavam a cadeia, na verdade, um edifício histórico. Outro obstáculo: a delegacia de polícia era do outro lado da praça. Cavoucar o chão ali, àquela hora, naquele local tão público, ia dar muito na vista.

A noite caiu, a escola encerrou suas atividades, o expediente da cadeia acabou, os poucos turistas que ainda restavam foram embora e o movimento na praça simplesmente desapareceu.

Lembro das coisas acontecendo de forma concatenada.

Fomos até a pedra entre as duas árvores. Cavoucamos. Conceição estava certa. Encontramos uma garrafa velha de guaraná Antárctica, suja de terra por fora, fechada com uma rolha envolta num pedaço de pano.

Foi tudo muito rápido.

Alzira destampou a garrafa.

Uma dúvida espetou minha alma. E se aquilo fosse veneno?

Abri a boca, fechei os olhos e deixei Alzira despejar o líquido escuro em minha boca.

Lembro de uma sensação de anestesia na língua, descendo depois, vagarosa, pela garganta. Lembro de uma espécie de tontura misturada com alívio. Lembro da figura embasbacada de Alzira. Lembro de um silêncio oco, de tudo ficar escuro e de meu corpo amolecendo, fraco e solto.

Não sei quanto tempo durou.

Ao abrir os olhos, encontrei Alzira ajoelhada ao meu lado. Minha amiga estava menor. Senti frio. Minha cabeça doía. Olhei para mim. Meu corpo de cachorro havia desaparecido. Eu era eu de novo. Lá estava Lúcio, completamente nu, deitado sobre o chão de Silveiras!

Lembro de olhar para o céu cheio de estrelas, de levar as mãos ao rosto e chorar.

E como chorei, leitor!

Alzira também chorava, segurando minha mão.

Depois, dormi profundamente.

Acordei com Alzira puxando meu braço. Estava preocupada. Explicou com gestos que era tarde. Era preciso ir embora. Apontou assustada para mim. Não podia sair pelado daquele jeito.

Alguém vinha chegando pelo outro lado da praça.

Ficamos, eu e Alzira, quase sem respirar, encolhidos atrás de um arbusto.

Quando o vulto passou, Alzira tirou a calcinha e deu para eu vestir.

Sem outra alternativa no momento, puxei a calcinha pelas minhas pernas. Era uma peça miúda, rendada e meio transparente. Quase se rasgou.

Alzira e eu, apesar de tudo, caímos na gargalhada.

Parecia minha primeira risada na vida, leitor!

Alzira me ajudou a ficar em pé. Por sorte, numa casa logo adiante, havia um varal cheio de roupas. O muro era baixo. Peguei emprestada uma camiseta e uma calça de brim ainda úmida, mais ou menos do meu tamanho. Sempre ajudado por Alzira, me vesti. Sentia-me tonto e meio enjoado. Pontos escuros apareciam de vez em quando, atrapalhando minha visão. Não estava mais acostumado a ficar tanto tempo em pé. Não estava mais acostumado a ser gente. Segurei firme no braço de minha amiga e fui em frente.

Era mais de meia-noite.

Silveiras parecia uma cidade morta. A sensação era de que uma desgraça havia acontecido e seus habitantes haviam partido, deixando o lugar abandonado. Atravessando a ponte, subimos uma ruela de pedra e chegamos de volta à Rodovia dos Tropeiros.

32.

Só sei que conseguimos retornar a Lorena graças a uma carona. Encontramos a casa de Alzira com as luzes acesas. Seu pai estava na sala, andando de um lado para o outro de pijama. Quando viu a filha, o coitado quase desmaiou. Foi bonito ver os dois abraçados, soluçando. As perguntas vieram logo depois. O velho queria saber quem eu era e entender, afinal, o que havia acontecido.

Falar a verdade, explicar meu erro, minha metamorfose, minhas aventuras e todo o resto seria um passaporte seguro para algum hospital psiquiátrico. Resolvi improvisar. Apresentei-me. Disse que estava passando férias em Lorena, que havia sido sequestrado, que tinha conseguido escapar do cativeiro, que, encontrando Alzira e seu cachorro, havia pedido ajuda, mas os bandidos apareceram. Contei que houve briga, disse que Alzira foi valente, que o cachorro dela lutou feito um gigante mas que no fim, os sequestradores, armados até os dentes, infelizmente, acabaram matando o pobre animal, um herói.

O pai de Alzira chamou a polícia. Fui interrogado pelo delegado de plantão e depois pude, finalmente, telefonar para meus pais. Solucei ao ouvir suas vozes do outro lado do fio. Confesso que quase não consegui dizer nada. Era como se nunca houvesse falado com eles antes. Pedi que viessem me buscar.

Avisado pelo pai de Alzira, meu tio apareceu logo depois. O querido velho me abraçou muito. Descreveu o desespero de meus pais. Disse que na noite do assalto, Conceição, hospitalizada com um tiro no ombro, contou que eu tinha sido levado pelos bandidos. Segundo meu tio, assim que teve alta, a moça começou a namorar firme um sargento do exército e desapareceu.

O delegado queria detalhes do sequestro. Fui sincero. Disse que não fazia a menor ideia de quem havia me sequestrado. Contei que os bandidos andavam sempre com uma meia enterrada na cabeça, que pareciam muito perigosos, às vezes agiam como religiosos enganadores do povo, eram metidos a filósofos, mexiam com magia negra mas à noite conversavam muito, contavam boas histórias e cozinhavam bem. Confessei que tinha passado por momentos extremamente difíceis. Chorei. Contei que por pouco não tinha sido castrado. Garanti ainda que, infelizmente, não lembrava nomes, nem fazia a menor ideia do local onde havia ficado. Imaginava algum lugar entre Guaratinguetá, Lorena, Queluz, Areias e Silveiras.

Meus pais vieram naquela noite mesmo.

Como foi bom, leitor, sentir o corpo dos dois abraçando o meu. Como foi bom expressar a saudade e o carinho que sentia por eles. Olhava-os como se os tivesse vendo pela primeira vez. Pareciam dois desconhecidos, que eu nunca tinha visto mas sempre amara. Minha mãe puxou um terço e, de joelhos, começou a rezar baixinho.

Excitado, meu pai não parava de falar e fazer perguntas.

Reparei que Alzira olhava para mim.

Beijei suas mãos. Depois, agarrei minha amiga e a abracei.

Lembro da gente chorando. De nossos olhos conversando. Apesar de estarmos ali, era como se, ao mesmo tempo, estivéssemos em outro lugar. Um lugar estranho, rico, íntimo, bonito, louco, pessoal. Um espaço particular, só nosso, meu e dela.

Na despedida, ao abraçá-la de novo, tive certeza de que aquela pessoa agora era um pouco minha, fazia parte de mim. Quanto ao lugar exato que iria ocupar em minha vida, isso era apenas um detalhe sem a menor importância.

Disse no ouvido dela que voltaria.

Lembro de mim, leitor, de madrugada, na Dutra. Voltando para São Paulo, deitado no banco de trás do carro, ouvi meu pai dizer que meu nome havia sido incluído na primeira lista de candidatos aprovados no vestibular.

A primeira versão de *O motoqueiro que virou bicho* tinha como título *Lúcio vira bicho* e foi publicada em 1998. Quase dez anos depois, acho que lá por 2007, resolvi reler o livro e escorreguei na leitura de algumas partes. Não tive dúvida. Era preciso mexer no texto para que ele pudesse fluir melhor. Na época, não tinha tempo nem cabeça para fazer isso. Só pude retomar sua leitura, agora com lápis na mão, em setembro de 2011. É preciso dizer que a estrutura do texto corresponde a uma narrativa linear e acumulativa, a viagem e as experiências vividas por um jovem chamado Lúcio, contada por ele mesmo, entrecortada por várias outras narrativas menores, encaixadas ao longo da trama e que, de alguma forma, dialogam com o enredo principal. Na releitura, cortei o relato sobre tia Vanda, feito pelo caminhoneiro na conversa do restaurante em Caçapava. Percebi que atrapalhava o fluxo geral da narrativa e acrescentava muito pouco ao livro como um todo. Acrescentei em seu lugar a lenda do corpo-seco, recorrente no vale do Paraíba. A história contada pela velha de olhos azuis, durante o sequestro da noiva de Taubaté, passou a ser a da princesa que se perdeu na floresta que, na versão anterior, vinha na voz de dona Cecília. O conto do príncipe Luís passou a ser contado por dona Cecília, certa noite, no sítio Santa Rita. Eliminei a história sobre o livro do destino contada pela professora aposentada da USP, também por acrescentar muito pouco. Fora isso, mudei o título do livro e mexi em alguns poucos trechos, buscando sempre dar mais ênfase a certas cenas ou esclarecer melhor os pensamentos e sentimentos de Lúcio durante sua estranha e inesperada trajetória. Ao publicar o livro, em 1998, acreditava piamente que tinha escrito um bom texto. Anos depois, quando reli, encontrei problemas em sua construção. Escrever, pelo menos para mim, tem tudo a ver com a vida mesmo: é um aprendizado o tempo todo. Acho estimulante que seja assim.

Ricardo Azevedo

Ricardo Azevedo é escritor e ilustrador com vários livros publicados, doutor em Letras pela Universidade de São Paulo e pesquisador na área da cultura popular. *Site*: *www.ricardoazevedo.com.br*